EX LIBRIS

LeseLiebe♥

FSC
www.fsc.org

MIX
Papier aus verantwor-
tungsvollen Quellen
FSC® C002795

5 4 3 2 1   26 25 24 23 22

ISBN 978-3-649-64149-0
© 2022 Coppenrath Verlag GmbH & Co. KG,
Hafenweg 30, 48155 Münster, Germany

Konzept: Coppenrath Verlag
Illustrationen: © 2022 Marjolein Bastin
Grafische Gestaltung: Stefanie Bartsch
Layout: Stefanie Wawer
Textsammlung: Judith Pfeiffer-Ley
Redaktion: Christina Bloem

www.coppenrath.de

KOMM ZUR RUHE, FINDE NEUE KRAFT

Geschichten vom Glück
in der Natur

COPPENRATH

INHALT

Singstunde mit Rotkehlchen

Vom Beobachten mit den Ohren
und wie man es am besten lernen kann

WENN ES NICHT GERADE schüttet oder stürmt oder friert, gehe ich morgens nach dem Aufstehen für eine Viertelstunde raus auf den Balkon. Oder auch für eine halbe. Manchmal nehme ich eine Tasse Tee und mein Fernglas mit. Manchmal auch nicht.

Ich breite eine Wolldecke aus, lege ein Sitzkissen darauf, hocke mich hin und warte. Wobei – warten ist schon zu viel gesagt. Ich sitze einfach nur da.

Manchmal sehe ich zu, wie die Sonne aufgeht, meistens ist es aber schon hell, wenn ich rausgehe. Ich bin keine Frühaufsteherin. Ich gehöre auch nicht zu denen, die morgens Gymnastik, Yoga oder andere nützliche Dinge praktizieren. Dazu fehlt mir die Disziplin.

Eine Zeit lang habe ich versucht, auf dem Balkon zu meditieren. Das soll außerordentlich gesund sein. Ich habe mir dafür extra ein Spezialsitzkissen gekauft, auf dem man stundenlang ausharren kann, ohne dass die Beine einschlafen. An manchen Tagen gelingt es mir sogar, für ein paar Minuten innerlich abzutauchen, die Welt um mich herum zu vergessen. Aber das klappt nicht oft. Früher oder später kommen mir immer die Vögel dazwischen.

Man kann Vögel übersehen, wenn man die Augen zumacht, aber sie zu überhören ist schwierig. Ich jedenfalls schaffe das nicht. Wenn ich eine bekannte Stimme höre – und die Vogelstimmen in meinem Garten sind mir alle ziemlich vertraut –, dann notiere ich im Geist automatisch den Namen dazu. Die Gewohnheit sitzt so tief, dass ich sie nur schwer ablegen kann. Und wenn ich ehrlich bin, will ich das auch gar nicht. Weil es mir Freude macht, den Vögeln zuzuhören und sie wiederzuerkennen, jeden Tag aufs Neue.

„Vögel beobachten" – es gibt noch einen Grund, diesen Begriff nicht besonders zu mögen. Weil er nicht nur umständlich, sondern auch irreführend ist. Die meisten denken beim Stichwort „beobachten" spontan an Menschen, die durch Ferngläser schauen. Das ist natürlich nicht falsch. Ferngläser sind wichtig und unentbehrlich beim Vogelbeobachten. Ebenso scharfe Augen, die imstande sind, etwa eine größere Fläche schnell nach beweglichen Objekten zu „scannen". Und ein geübter Blick, der beim Entdecken eines Vogels binnen Sekunden alle seine charakteristischen Merkmale erfasst: Größe, Statur, Haltung und Gefiederfarbe, am besten auch noch Details wie Schnabelform, Brustzeichnung und Länge der Schwungfedern.

Aber selbst die besten Augen und das stärkste Fernglas helfen beim Bestimmen oft nicht weiter.

Es gibt Vögel, die grundsätzlich nie lange genug an einem Fleck sitzen bleiben, um sie richtig ins Visier nehmen zu können. Oder sie kehren einem hartnäckig den Rücken zu. Sitzen zu weit weg oder vor der tief stehenden Sonne, sodass man ihre Farbe nicht erkennt. Oder sie sind so unscheinbar, dass man sie an neun von zehn Malen gar nicht erst entdeckt. Es existieren, ich gebe es ganz offen zu, eine Reihe von Vogelarten, die ich noch nie, wirklich noch nie, zu Gesicht bekommen habe, auch wenn ich ihnen schon begegnet bin – weil sie sich zum Beispiel nur in dichtem Röhricht oder in hohem Gras aufhalten. Trotzdem erkenne ich sie auf Anhieb, wann immer ich sie treffe. Weil sie sich durch ihre Stimme verraten. Jeder Vogel hat seinen eigenen akustischen Fingerabdruck, und es sind, zum Glück, oft gerade die unsichtbaren und versteckten, die am lautesten und markantesten singen.

„Vögel beobachten", das heißt für mich auch und vor allem: zuhören. Rausgehen, sich irgendwo hinhocken und alle Aufmerksamkeit auf Stimmen und Laute lenken, am besten mindestens einmal am Tag.

Unter meinen Freunden und Bekannten sind viele Vogelliebhaber; Leute, die bei Spaziergängen gern ein Fernglas mitnehmen, ab und zu ein Bestimmungsbuch aufschlagen und im Winter draußen Futter streuen. Die meisten sagen mir, dass sie gerne öfter und intensiver beobachten würden, nur: das mit den Stimmen sei so wahnsinnig schwer. So viele und fast immer mehrere gleichzeitig! Wie soll man sie auseinanderhalten? Und, noch schwieriger: Wie prägt man sich ein, zu welchem Vogel sie gehören? Wenn die Tierchen wenigstens das ganze Jahr über singen würden. Aber kaum ist das Frühjahr vorbei, sind alle still, und im nächsten Jahr fängt man wieder bei null an. Sisyphos lässt grüßen.

Ich sage dann immer, dass es Geduld braucht, dass es nie zu spät ist anzufangen und dass es schon ein Erfolg ist, wenn man ein halbes Dutzend der gängigsten Arten „draufhat". Aber wenn ich sagen soll, wie man beim Lernen am besten vorgeht und welche Hilfsmittel empfehlenswert sind, bin ich unsicher. Meine eigene Lernzeit liegt Jahrzehnte zurück. Ich weiß zwar noch, dass meine Eltern irgendwann Mitte der 1960er-Jahre eine Schallplatte mit Vogelstimmen kauften, die ich mir oft angehört habe. Ich weiß auch noch, dass während des Gesangs der Nachtigall im Hintergrund eine Kirchenglocke läutete. Aber ich erinnere mich nicht mehr, ob mir das Einprägen schwer- oder leichtfiel. Und wie viele Monate oder Jahre vergingen, bis ich die abgespeicherten Klangmuster auch draußen in der Natur einwandfrei bestimmen konnte.

Vor einiger Zeit las ich ein Interview mit dem US-amerikanischen Ornithologen Donald Kroodsma, der seit über vierzig Jahren Vogelstimmen erforscht und als einer der weltweit führenden Experten für vocal behavior, also „Stimmverhalten" von Vögeln, gilt. Er hatte einen Ratschlag für Anfänger, der mir spontan einleuchtete:

ICH BREITE EINE WOLLDECKE AUS, LEGE EIN
SITZKISSEN DARAUF, HOCKE MICH HIN UND WARTE.
WOBEI – WARTEN IST SCHON ZU VIEL GESAGT.
ICH SITZE EINFACH NUR DA.

VOR ALLEM IM WALD SIND
VIELE ARTEN IN CHORSTÄRKE VERTRETEN,
UND DIE GUTE AKUSTIK SORGT DAFÜR,
DASS SELBST DER ZARTESTE ZILPZALP ODER
ZAUNKÖNIG SO KLINGT, ALS SINGE ER
DURCH EIN MEGAFON.

Man solle, sagte er, beim Erkunden der Vogelwelt genauso vorgehen wie beim Umzug in eine neue Stadt. Also nicht versuchen, auf einen Schlag Dutzende neuer Leute kennenzulernen oder sich möglichst schnell eine maximale Zahl unbekannter Gesichter und Namen zu merken. Sondern lieber zunächst Kontakt zu ein, zwei Nachbarn knüpfen. Sich so gründlich mit deren Eigenarten vertraut machen, dass man sie selbst bei flüchtiger Begegnung auf einer belebten Straße nicht mehr mit anderen verwechseln würde. Wenn diese ersten Bekanntschaften gefestigt genug seien, solle man darangehen, sein „soziales Netz" zu erweitern.

Ich würde Kroodsmas Ratschlag lediglich um einen Punkt ergänzen: Es kommt nicht nur auf die Methode des Kennenlernens an. Sondern auch auf den Zeitpunkt, an dem man damit beginnt.

DIE MEISTEN VOGELINTERESSIERTEN wählen dafür das Frühjahr. In dieser Zeit werden die meisten Ferngläser, Bestimmungsbücher, Vogelstimmen-CDs und -Apps verkauft, und das liegt nahe. In den Monaten ab Mitte März sind Vögel am auffälligsten und am lautesten. Alle Männchen tragen ihr Brut- und Prachtkleid und sehen genauso aus wie ihre Abbilder auf den Farbtafeln der Bestimmungsbücher. Lokale Ornithologen- und Naturschutzvereine laden zu Vogelstimmenexkursionen ein, vorzugsweise in Gebiete, in denen man mit etwas Glück und bei mildem Wetter die ganze Palette der häufigsten heimischen Singvögel rauf und runter hören kann – einschließlich der Zugvögel, die bis Anfang Mai fast alle aus ihren Winterquartieren zurückgekehrt sind.

Vor allem im Wald sind viele Arten in Chorstärke vertreten, und die gute Akustik sorgt dafür, dass selbst der zarteste Zilpzalp oder Zaunkönig so klingt, als singe er durch ein Megafon.

Es ist wunderschön, so ein Vogelkonzert im Frühling. Aber als Anfänger kann man darüber verzweifeln, selbst in Begleitung eines stimmenkundigen Experten. Ich habe das schon mehrfach erlebt, wenn ich mit Freundinnen unterwegs war, die mich um einen Grundkurs in Vogelstimmenkunde gebeten hatten: Selbst wenn ich an jeder Wegbiegung aufs Neue erklärte, dass dies ein Buchfink, jenes ein Waldlaubsänger, das dort hinten eine Singdrossel sei – am Ende hatte ich immer das Gefühl, mehr Verwirrung als Erkenntnis gestiftet zu haben. Und das lag nicht am mangelnden

Merk- oder Hörvermögen meiner Freundinnen: Vogelkundler des Naturschutzbunds Deutschland (NABU), die regelmäßig Exkursionen leiten, berichteten mir, dass sie Teilnehmer zu Beginn routinemäßig vor zu hohen Erwartungen an das eigene Hörgedächtnis warnen.

Der Verwirrung entgeht man übrigens auch nicht, wenn man sich strikt an Kroodsmas Ratschlag hält, zuerst seine unmittelbaren „Nachbarn" kennenzulernen. Also nicht zum Stimmenlernen in den Wald geht, sondern nur die Klanglandschaft vor der Haustür erkundet. Auch die kann im Frühling schnell unübersichtlich werden. Bei der „Stunde der Gartenvögel", der jährlichen Vogelzählaktion des NABU Anfang Mai, komme ich regelmäßig auf über ein Dutzend Arten in Hörweite meines Balkons. Und das, obwohl unser Garten mitsamt Umgebung nicht unbedingt ein Hotspot der Biodiversität ist.

Es ist viel entspannter und effektiver, im Winter mit dem Hinhören anzufangen. Die Natur ist stiller, schon weil keine Blätter rauschen, und die Vogelwelt ist überschaubar. Alles, was Laut gibt, ist genau zu vernehmen und dank fehlender Blätter meist auch schnell zu sehen. Es gibt natürlich auch Tage, an denen sich gar nichts rührt, aber die sind selten. Selbst wenn ich im dunkelsten Dezember oder frostigsten Januar auf den Balkon gehe, höre ich früher oder später fast immer irgendetwas.

Die meisten Stimmen kommen nicht direkt aus meinem Garten, sondern aus dem Luftraum darüber. Trompetenrufe eines verspäteten Kranichtrupps, der in Richtung Südwesten unterwegs ist. Schreie von Graugänsen, die frühmorgens von den Wiesen in der Elbmarsch aufgebrochen sind und am Abend vielleicht in der Weserniederung einfallen. Sowohl Gänse als auch Kraniche rufen so durchdringend, dass ich sie oft sogar durchs geschlossene Fenster höre. Genau wie die Elstern, die im Winter in Trupps umherziehen, und die Krähenschwärme, die sich in den Baumkronen der umliegenden Gärten zu lautstarken Kongressen treffen. Wenn man Krähen länger zuhört, fällt einem übrigens auf, dass „Krächzen" nur ein Oberbegriff für eine ganze Palette differenzierter Lautäußerungen ist. Eine der auffälligsten, die Krähen in meiner Umgebung von sich geben, ist ein lang gezogenes „Knääät", das unfassbar kläglich und übellaunig klingt. Der Laut erinnert mich immer an ein Kind, das quengelt, weil es endlich an den Computer will.

So interessant Krähen sind – ihr Gesang ist zumindest für mich kein Grund, an kalten Januartagen länger auf dem Balkon auszuharren.

Es gibt einen anderen Wintervogel, dem ich viel lieber lausche. Und wenn ich die Zeit hätte, könnte ich das auch tage- und stundenlang tun, denn er gehört zu den ausdauerndsten Sängern überhaupt.

DAS ROTKEHLCHEN SINGT fast das ganze Jahr über – mit nur einer längeren Pause ab dem Spätsommer bis zum Winteranfang. Dann erheben vor allem diejenigen Vögel die Stimme, die aus nördlichen Regionen zu uns ziehen, um hier die kalte Jahreszeit zu verbringen. Sie singen bei fast jedem Wetter, außer bei starkem Regen und Frost, sie singen morgens und abends, manchmal auch tagsüber, aber lieber noch im Dunkeln, vor dem Morgengrauen und nach Sonnenuntergang. Es gibt sogar Berichte über einzelne Exemplare, die bei einer einbrechenden Sonnenfinsternis anfingen zu singen oder nachdem man sie in einen dunklen Stoffbeutel gesteckt hatte. Rotkehlchen singen, gefühlt, in jedem dritten Garten, und wer keinen hat, muss nicht weit gehen, um eines zu hören: Es gibt allein in Deutschland um die drei Millionen Brutpaare, die sich im Prinzip überall niederlassen, wo sie etwas Grün mit genügend blickdichtem Buschwerk vorfinden. Es singen die Männchen ebenso wie – seltener – die Weibchen, und Erstere singen fast immer solo: Rotkehlchen sind ausgesprochene Reviervögel; ihr Gesang dient auch dazu, Rivalen im Nachbarrevier auf Abstand zu halten. Das wiederum erleichtert Menschen das Zuhören, weil man die einzelne Stimme nicht aus einem Chor von Artgenossen herausfiltern muss.

Und wie klingt sie nun, diese Stimme?

Ich könnte es mir jetzt einfach machen und sagen, geben Sie den Namen im Internet ein und hören Sie sich die erstbeste Tonaufnahme an, die Sie finden. Es gibt mittlerweile kaum noch einen Vogellaut, der nicht digital abrufbar wäre; Datenbanken oder spezielle Apps bieten sogar die Stimmen seltener Arten in meist mehreren Variationen. Und bei häufig vorkommenden Vögeln wie dem Rotkehlchen hat man die Auswahl zwischen Hunderten von Aufnahmen.

Aber ich möchte es mir nicht einfach machen. Ich möchte zum einen erklären, warum mich gerade der Gesang des Rotkehlchens so fasziniert; zum anderen möchte ich den Autoren einiger Vogelbücher und Webseiten widersprechen, die ihn als „unverkennbar" bezeichnen. Ich finde, er ist alles andere als das: nicht nur schwer zu erkennen, sondern auch fast unmöglich zu beschreiben. Er gehört zu den Gesängen, die ich erst relativ spät entdeckt habe, und es hat auch einige Zeit gedauert, bis ich ihn zu jeder Jahreszeit sicher „erhören" konnte.

WENN MAN DIE VOGEL(STIMMEN)WELT nach dem Prinzip Kroodsma erkundet, also wie ein Neubürger eine Stadt voll unbekannter Menschen, dann stellt man bald fest, dass es unter ihren Bewohnern verschiedene Typen gibt. Solche, die einem das Kennenlernen leicht machen, und andere, die sich eher entziehen.

Es gibt Stimmen-Typen, die einem auf Anhieb vertraut sind wie alte Bekannte. Weil sie besonders markante Merkmale haben, oder auch, weil sie insgesamt eher schlicht gestrickt sind. Weil sie immer die gleichen eingängigen Floskeln wiederholen, die man schon bald in- und auswendig kennt.

Andere „Nachbarn" muss man sich dagegen erhorchen, mit viel Geduld und Aufmerksamkeit. Entweder sind sie so unauffällig oder einsilbig, dass man sie ständig überhört. Oder ihr Wesen ist so vielschichtig und schillernd, dass es Wochen und Monate dauert, bis man es in all seinen Facetten zur Kenntnis genommen hat. Es sind, nicht überraschend, vor allem diese „schwierigen" Typen, denen man besonders gern zuhört – sie werden einfach nie langweilig.

Zu den schlichteren Charakteren der Vogelwelt gehören, stimmlich gesehen, etwa Kuckuck und Zilpzalp. Ihre Namen sind die lautmalerische Übersetzung ihres Gesangs. Den Ruf des Kuckucks erkennen auf Anhieb sogar Menschen, die sonst weder Blicke noch Ohren für Vögel haben, und auch für den Zilpzalp muss man nicht lange üben. Professoren bezeichnen ihn auch als „Studentenvogel", weil er in der Regel der einzige heimische Sänger ist, den angehende Biologen im ersten Semester benennen können.

Wenn man im Winter mit dem Vogelstimmenhören beginnt, helfen Zilpzalp und Kuckuck allerdings nicht weiter, denn beide treffen erst im Frühjahr wieder in Europa ein, der eine ab Mitte März, der andere erst ab Ende April. So bleibt einem nichts anderes übrig, als sich ausgerechnet am Anfang auf eine der schwierigsten Stimmen aller heimischen Vögel einzulassen.

Über den Gesang des Rotkehlchens heißt es, dass er 275 unterscheidbare Motive aufweise. Das habe ich allerdings nur gelesen; es stand nicht dabei, mit welcher Methode die Werte ermittelt wurden. Ich bin mir nur sicher, dass ich es nie nachprüfen könnte.

Wenn ich das Rotkehlchen-Lied in einem Satz beschreiben sollte, dann ganz anders: als ein Lied ohne Eigenschaften. Es hat, zumindest für menschliche Ohren, keine unverwechselbaren Kennzeichen: keine Melodie, keinen Rhythmus, keine Laute, die an Sprechsilben erinnern. Oft hat es nicht einmal einen erkennbaren Anfang oder ein Ende. Wirklich nichts, an dem man sich beim Zuhören festhalten könnte.

DER MEISTER-ZUHÖRER Donald Kroodsma hat einen Tipp, wie man sich auch solche Stimmen aneignen kann. Man solle, sagt er, nicht versuchen, einen Vogel nur zu identifizieren, sondern sich vielmehr mit ihm identifizieren. Ihn als Individuum wahrnehmen, nicht nur als Vertreter einer bestimmten Spezies. Sich so lange und intensiv in ihn hineinhorchen, bis einem sein gesamtes Lautrepertoire vertraut ist, seine besondere Art, sich auszudrücken – einschließlich der persönlichen Nuancen und Varianten.

„Tiefes Zuhören" nennt Kroodsma diese Methode der Naturwahrnehmung. Auch das finde ich sehr nachahmenswert, aber ich bin nicht sicher, ob es gerade Anfängern wirklich weiterhilft. Ich würde mir bis heute nicht zutrauen, die verschiedenen Vogelindividuen in meinem Garten sicher am Gesang zu unterscheiden – und das, obwohl ich ihnen Jahr für Jahr viele Stunden zuhöre. Allein mit den Amseln wäre ich schon überfordert; in Hörweite meines Balkons gibt es mindestens fünf oder sechs – schwierig bis unmöglich zu erkennen, welche von ihnen sich gerade hören lässt.

Es gibt aber eine Variante des „tiefen Zuhörens", von der ich aus eigener Erfahrung sagen kann, dass sie ganz gut funktioniert. Sie ist, soweit ich weiß, noch von keinem Experten empfohlen oder in irgendeiner wissenschaftlichen Studie getestet worden, aber ich bin sicher, dass sie auch von anderen Vogelkundlern schon entdeckt worden ist und erfolgreich praktiziert wird.

Die Methode besteht darin, einem Vogel in Ruhe zu lauschen, ohne dabei irgendetwas „festhalten" zu wollen. Den Gesang einfach auf sich wirken zu lassen, so wie ein Baby die Stimmen seiner

VOGELBEOBACHTEN HAT EINE
LANGFRISTIGE NEBENWIRKUNG:
JE LÄNGER UND GENAUER MAN
HINHÖRT UND -SIEHT, DESTO MEHR
NIMMT MAN WAHR, DESTO SCHÄRFER
WERDEN DIE SINNE.

Umgebung auf sich einrauschen lässt: konzentriert, aber absichtslos, ohne den Versuch, sich irgendetwas zu merken, irgendwelche besonderen Kennzeichen herauszuhören. Das Wiedererkennen und Verstehen passiert dann früher oder später von ganz allein.

Das mit dem „Verstehen" ist natürlich nicht wörtlich gemeint. Aber es gibt einen Punkt, an dem man spürt, dass die Stimme im Kopf „angekommen" ist, dass sie etwas auslöst. Ich merke das daran, dass sich beim Zuhören Bilder vor mein inneres Auge schieben. Beim Rotkehlchen zum Beispiel sehe ich einen Wassertropfen vor mir, sehr kühl und sehr klar, der an einer Fensterscheibe herunterrinnt. Nicht gleichmäßig, sondern stockend, in einer unregelmäßigen Zickzackbahn. Er schwillt an, wird dann wieder zu einem Rinnsal. Und versickert irgendwo außer Sichtweite.

Manchmal sehe ich auch eine Gestalt, die sich auf einen zugefrorenen See wagt. Sie tastet sich vor, sehr unsicher auf den Beinen, glitscht immer wieder nach links und rechts aus. Und hinterlässt eine zittrige Spur, die der Schnee sofort wieder verweht.

Diese Bilder sind natürlich völlig subjektiv; jeder findet beim Zuhören seine eigenen. Aber sie helfen, die dazugehörige Stimme dauerhaft im Gedächtnis zu verankern. Irgendwann verschmelzen Bild und Stimme so, dass man das eine gar nicht mehr ohne das andere denken kann. Mir passiert es mittlerweile gelegentlich, dass ich beim Anblick einer verregneten Fensterscheibe automatisch den Gesang des Rotkehlchens im Kopf höre.

Es sind nicht nur die komplizierten, ausdrucksstarken Stimmen, die Klangbilder heraufbeschwören. Die Kohlmeise etwa hat einen Ruf, der nur aus drei Silben besteht, die mehrmals wiederholt werden. „Zizi däh, zizi däh, zizi däh." Es ist tatsächlich nur ein Ruf von vielen; die Kohlmeise hat ein so umfangreiches Lautrepertoire, dass sie selbst erfahrene Beobachter gelegentlich verwirrt. Aber fast alle Laute klingen in meinen Ohren irgendwie „meisig". Ich merke das daran, dass ich beim Hören einen bläulichen Eiskristall vor mir sehe, den jemand im Sonnenlicht rhythmisch hin und her bewegt. Dass es ein frostiges Bild ist, ist sicher kein Zufall: Kohlmeisen gehören ebenfalls zu den Vögeln, die mitten im Winter zu hören sind, vorzugsweise an sonnigen Tagen.

Es gibt zwei Wintervögel, zu deren Stimmen mir bislang keine Bilder eingefallen sind. Was vor allem daran liegt, dass ich sie zumindest akustisch noch nicht so lange kenne. Optisch sind beides alte Bekannte. Der Erlenzeisig fällt regelmäßig über unser Futterhaus her – „herfallen" ist das richtige Wort, denn diese Vogelart fliegt meist in Pulks ein, die andere Gäste sofort in die Flucht schlagen. Man erkennt Erlenzeisige äußerlich leicht, denn sie sind ziemlich lebhaft grün-gelb-schwarz gemustert. Seine Stimme aber ist mir über Jahre buchstäblich entwischt: ein hauchzartes, flüchtiges, wieselschnelles Wispern, mit einem seltsam starren Sirr-Ton in der Mitte. An diesem Ton habe ich den Gesang schließlich „zu fassen" bekommen. Der Ton dauert nur eine Sekunde an und klingt irgendwie elektrisch, wie ein surrender Telegrafendraht. Man könnte auf die Idee kommen, ein heimtückischer Computerbastler hätte den Ton in den Gesang des Zeisigs einkopiert – so technisch, so unnatürlich wirkt er. Beinahe schon unheimlich. Und hier stimmt das Wort wirklich: unverkennbar.

Der zweite Vogel, dessen Stimme ich erst kürzlich kennengelernt habe, ist der Dompfaff. Die meisten neueren Bestimmungsbücher führen ihn unter „Gimpel", aber seinen zweiten Namen finde ich viel treffender, ebenso seinen englischen: bullfinch, wörtlich übersetzt Bullenfink. Beide Bezeichnungen beziehen sich nämlich auf die wuchtige Gestalt des Vogels, und an der liegt es vor allem, dass mir seine Stimme so lange entgangen ist: Beides passt irgendwie nicht richtig zusammen.

Wenn man den Dompfaff in einem Busch hocken sieht, bullig, schwarzköpfig, dickschnabelig, das Männchen mit leuchtend kardinalsrotem Bauch, dessen Farbe es den Namen „Dompfaff" verdankt und der aufgeplustert fast wie ein Wanst aussieht – wenn man das sieht, dann erwartet man einen Ruf, der schmetternd und sonor klingt, so wie das Organ eines Domherrn, das von der Kanzel mühelos bis in die hintersten Kirchenbänke dringt. Stattdessen kommen zwei zarte Pfeiftönchen, denn der Vogel hat geradezu eine Fistelstimme. Das einzige Bild, das mir bislang dazu eingefallen ist, sind zwei kurze, leicht abfallende Buntstiftstriche auf einem Blatt Papier.

Der eigentliche Balzgesang ist noch unauffälliger: eine Serie von leisen Pfeif-, Tick- und Knirschlauten, die eher wie eine Aufwärmübung zum Singen wirken denn wie ein richtiger Gesangsvortrag.

Ich war trotzdem begeistert, als ich den Dompfaff zum ersten Mal vom Balkon aus singen hörte. Und kurz darauf sogar sah – dank einer gärtnerischen Grundsatzentscheidung, die wir gleich beim Kauf unseres Hauses gefällt hatten: keine Koniferen und Rhododendren auf unserem Grundstück zu pflanzen und die vorhandenen, so weit wie möglich, zu entfernen. Fast alle Büsche und Bäume, die ich von meinem Balkon aus sehen kann, sind daher im Winter kahl. Das sieht natürlich an manchen Tagen spröde aus, aber es hat einen entscheidenden Vorteil: Was immer zwischen November und Ende März unseren Garten anfliegt, entgeht mir so gut wie nie, erst recht nicht, sobald es den Schnabel aufmacht.

Wenn ich einem Vogel zum ersten Mal beim Singen oder Rufen zusehe, dann ist es oft, als wenn etwas „Klick" macht im Kopf. Als würde ich ihn erst in diesem Moment wirklich kennenlernen. Und manchmal ist das tatsächlich so: wenn es mir beim Zusehen gelingt, einen bis dahin unbekannten Laut erstmals zuzuordnen. Mich versetzt das in ähnliche Hochstimmung wie die erste Sichtung des Vertreters einer Art, die ich bis dahin noch nie in natura gesehen habe.

Ich hatte die beiden zarten Pfeiftöne zwar vorher schon vernommen, aber nur selten und nie richtig bewusst – vielleicht auch, weil sie so ähnlich klingen wie ein Pfiff aus einem Menschenmund. Kaum hatte ich sie identifiziert, hörte ich es plötzlich ständig irgendwo pfeifen. Das war keine Sinnestäuschung; bei anderen „neuen" Lauten ist es mir meist ähnlich gegangen. Vogelbeobachten hat eine langfristige Nebenwirkung: Je länger und genauer man hinhört und -sieht, desto mehr nimmt man wahr, desto schärfer werden die Sinne. Ich glaube, es ist nicht falsch, von einer milden Form von Bewusstseinserweiterung zu sprechen.

Bis heute löst das Pfeifen eines Dompfaffs bei mir übrigens einen Reflex aus: Ich muss sofort nach meinem Fernglas greifen, notfalls ins Haus gehen, um es zu holen. Es ist ja kein Zufall, dass der Dompfaff einer der meistgemalten Vögel der Kunstgeschichte ist und bis heute, neben dem Rotkehlchen, eines der beliebtesten Motive für Postkarten oder die Cover von Bestimmungsbüchern: Er sieht einfach spektakulär aus, mit diesem großen roten Bauch, der inmitten einer stumpf graubraunen Wintervegetation besonders auffallend leuchtet. Auch das Weibchen ist markant: nicht rot, aber genauso groß und bullig, mit der gleichen lackschwarzen Kopf- und Augenbedeckung, dem mächtigen Schnabel, den scharf abgesetzten weißen Flecken an Flügeln und Schwanzwurzel. Und es singt auch. Wenn ein

Dompfaff pfeift, weiß ich, dass ich mit etwas Glück gleich zwei zu sehen bekomme; Weibchen und Männchen sind fast immer gemeinsam unterwegs und halten, zart pfeifend, Verbindung zueinander.

NACH DEM UMZUG IN eine neue Stadt kommt früher oder später der Moment, an dem man das Gefühl hat, halbwegs angekommen zu sein. Man ist den Nachbarn oft genug begegnet, um sie nicht mehr zu verwechseln; manche kommen einem schon wie alte Freunde vor. Diese Vertrautheit ist eine gute Ausgangsbasis, um neue Bekanntschaften zu schließen.

Zwischen Mitte und Ende März landen die ersten Zugvögel in meinem Garten, meist macht der Zilpzalp den Anfang. In den folgenden Wochen verschwinden Dompfaff, Zeisig und Rotkehlchen zusehends aus meinem Blick- beziehungsweise Hörfeld. Sie ziehen sich aus meinem Garten in die Wälder der Umgebung zurück oder auch in ihre weiter nördlich gelegenen Brutgebiete – ein Teil von ihnen sind Zugvögel, die nur den Winter in Mitteleuropa verbringen. Das Rotkehlchen ist vergleichsweise ortstreu, aber seine Stimme geht vor allem tagsüber im Chor der vielen anderen unter, die markanter und zum Teil auch lauter singen. Morgens vor Sonnenaufgang, wenn es noch allein singt, verpasse ich es meistens, weil ich zu spät aufstehe.

Aber manchmal gehe ich auch abends auf den Balkon, wenn es schon dunkel ist. Hocke mich auf mein Kissen, schließe die Augen und lasse die letzte Vogelstimme des Tages auf mich wirken. Sehe zu, wie vor meinem inneren Auge die Tropfen ihre Spuren ziehen, zittrig und im Zickzack, aber sehr kühl und sehr klar. Wenn sie lange genug fließen, gelingt es mir manchmal, darin einzutauchen und für ein paar Minuten an nichts zu denken. Wirklich an nichts.

Johanna Romberg

Brehms Tierleben

IN DEUTSCHLAND GIBT es keine Gegend, [...] in welcher er nicht beobachtet worden wäre, und an geeigneten Orten ist er überall häufig. Er bewohnt die verschiedensten Örtlichkeiten, am liebsten aber doch Täler, deren Wände mit Gebüsch bedeckt sind und in deren Grund ein Wässerchen fließt. Nach Art seiner Familie kommt er bis in die Dörfer und selbst in die Gärten der Städte herein und siedelt sich in unmittel-

barer Nähe der Wohnungen an, falls es hier dichte Gebüsche, Hecken oder wenigstens größere Haufen dürren Reisholzes gibt. Auf höheren Bäumen sieht man ihn selten, regelmäßig vielmehr nah am Boden das Gestrüpp durchkriechen, alle Winkel, Höhlungen durchspähen, meist über den Boden dahinhüpfen oder von einem Busch zum anderen fliegen, von Zeit zu Zeit aber auf einem höheren Punkt erscheinen und scheinbar mit Selbstbefriedigung sich zeigen. „An Munterkeit und froher Laune", sagt Naumann, „an Geschicklichkeit und Schnelle im Durchschlüpfen des Gestrüppes und an einer gewissen Keckheit im Benehmen übertrifft der Zaunschlüpfer die meisten deutschen Vögel. Seine Keckheit ist jedoch ganz eigener Art; sie verschwindet bei dem geringsten Anschein von Gefahr und verwandelt sich plötzlich in grenzenlose Furcht, kehrt aber bald wieder.

SEINE FRÖHLICHE STIMMUNG VERLÄSST IHN SELTEN.

Immer hüpft er so keck einher, als wenn er an allem Überfluss hätte, selbst mitten im Winter, wenn es nicht allzu sehr stürmt oder wenn die Sonne wenigstens dann und wann durch die Wolken bricht. Wenn sogar die treuesten aller Standvögel, unsere Sperlinge, unzufrieden mit strenger Kälte, ihr Gefieder sträuben und ihr trauriges Aussehen Missmut und großes Unbehagen verrät,

SO IST DER ZAUNSCHLÜPFER DOCH NOCH FRÖHLICH UND SINGT SEIN LIEDCHEN, ALS OB ES BEREITS FRÜHLING WÄRE."

Sein Wesen ist höchst anziehend. Er hüpft in geduckter Stellung überaus schnell über den Boden dahin, sodass man eher eine Maus als einen Vogel laufen zu sehen glaubt, kriecht mit staunenswerter Fertigkeit hurtig durch Ritzen und Löcher, welche jedem anderen unserer Vögel unzugänglich scheinen, wendet sich rastlos von einer Hecke, von einem Busch, von einem Reisighaufen zum anderen, untersucht alles und zeigt sich nur für Augenblicke frei, dann aber in einer Stellung, welche ihm ein keckes Ansehen verleiht: die Brust gesenkt, das kurze Schwänzchen gerade emporgestelzt. Reizt etwas Besonderes seine Aufmerksamkeit, so deutet er dies durch rasch nacheinander wiederholte Bücklinge an und

wirft den Schwanz noch höher auf als gewöhnlich. Fühlt er sich sicher, so benutzt er jeden freien Augenblick zum Singen oder wenigstens zum Locken; nur während der Mauser ist er stiller als gewöhnlich. Sobald aber sein Lied vollendet ist, beginnt das Durchschlüpfen und Durchkriechen der Umgebung von Neuem. Zum Fliegen entschließt er sich nur, wenn es unbedingt notwendig ist. Gewöhnlich streicht er mit zitternden Flügelschlägen ganz niedrig über dem Boden in gerader Linie dahin; beim Durchmessen größerer Entfernungen aber beschreibt er eine aus flachen, kurzen Bogen bestehende Schlangenlinie. Wie schwer ihm das Fliegen wird, bemerkt man deutlich, wenn man ihn im freien Feld verfolgt. Ein schnell laufender Mensch kann ihn, laut Naumann, so ermüden, dass er ihn mit den Händen zu fangen vermag. Der Zaunkönig ist sich seiner Schwäche im Fliegen übrigens so bewusst, dass er freiwillig niemals sein schützendes Gebüsch verlässt und selbst dann, wenn er nicht einmal weit von demselben entfernt ist, im Notfall lieber in eine Höhlung sich verkriecht als den gefährlichen Flug wagt. Die Stimme, welche man am häufigsten vernimmt, ist ein verschieden betontes „Zerr" oder „Zerz", der Warnungsruf, auf welchen auch andere Vögel achten, eine Verlängerung dieser Laute oder auch wohl ein oft wiederholtes „Zeck-zeck-zeck".

Der vortreffliche und höchst angenehme Gesang besteht

„AUS VIELEN, ANMUTIG ABWECHSELNDEN, HELLPFEIFENDEN TÖNEN, WELCHE SICH IN DER MITTE DER EBEN NICHT KURZEN WEISE ZU EINEM KLANGVOLLEN, GEGEN DAS ENDE IM TON SINKENDEN TRILLER GESTALTEN";

Letzterer wird oft auch gegen das Ende des Gesanges wiederholt und bildet dadurch gewissermaßen den Schluss des Ganzen. Die Töne sind so stark und voll, dass man erstaunt, wie ein so kleiner Vogel sie hervorbringen kann. In den Wintermonaten macht dieser Gesang einen außerordentlichen Eindruck auf das Gemüt des Menschen.

Die ganze Natur still und tot, die Bäume entlaubt, die Erde unter Schnee und Eis begraben, alle anderen Vögel schweigsam und verdrießlich, nur er, der Kleinste fast, heiter und wohlgemut und immer das eine Lied im Mund: „Es muss doch Frühling werden" —

das ungefähr sind die Gedanken, welche jedem kommen müssen, selbst dem erbärmlichsten, trockensten Philister, der nie begreifen will, dass auch eine dichterische Anschauung der Natur berechtigt ist. Wem im Winter beim Lied des Zaunkönigs das Herz nicht aufgeht in der Brust, ist ein trauriger, freudloser Mensch!

Alfred Brehm

Ein Brief an den Frühling

LIEBER ALTER FREUND!

Ich glaube wohl, dass ich dich so nennen darf, denn wir kennen uns nun schon viele Jahre, und du darfst glauben, dass meine Hinneigung zu dir in dieser Zeit immer nur gewachsen ist. Ich muss es dir endlich einmal sagen, wie gern ich dich habe und wie sehr ich deine unvergleichliche Kunst verehre. In Sonderheit im Winter, wenn die Erde zu Stein, das Wasser zu Glas und der Regen zu weißem Pulver gefroren ist, wenn Bäume und Gesträuche mit traurigen Besenreisern dastehen und die vertrockneten Reste einst frischgrüner Ranken trübselig im Wind rascheln, da erfüllt mich zuweilen die tiefste Verwunderung, wie du, Zauberer, es anfängst, dies alles so köstlich zu verwandeln, den kalten, harten Stein des Bodens in einen üppigen durchblümten Teppich, die Besenreiser in schimmernde Blütenzweige und den erstarrten Spiegel des Teiches in weiche fließende Wellen, auf welchen leuchtende Wasserrosen sich wiegen. Wir haben unter uns Menschen ja auch Zauberer, welche allerlei können, zum Beispiel Eierkuchen in Zylinderhüten backen, ohne dass es diesen was schadet, und aus demselben Hut holen sie nachher eine ganze Ausstattung für Zwillingskinder und so viele Bälle, dass man eine ganze Schule, und so viele Becher, dass man eine Kompagnie Soldaten damit versehen kann; allein das sind doch nur öde und durchsichtige Gaukelkunststücke und nicht zu vergleichen mit den deinen, über welche nun schon von Anbeginn viele Tausende von gelehrten Häuptern gebrütet haben und ewig brüten werden, ohne sie jemals zu ergründen.

Du schwingst deinen Zauberstab über die öde sibirische Steppe, auf deren versteinerter Fläche bislang der eisige Winterwind einherjagte, und siehe, binnen Kurzem ist sie ein blühendes, farbiges Meer von Tulpen und Iris, Tazetten und Hyazinthen, du steigst lächelnd die Berge hinauf und säumst die Ränder starrender Gletscher mit Blüten ohne Zahl, ja selbst in den Ländern der Mitternachtssonne zauberst du eine wundervolle Blumenpracht auf die erweichte Oberfläche des ewig gefrorenen Bodens, sodass deine zarten Blütenkinder über dem Eis wohnen.

Du, lieber Frühling, ich danke dir, dass du alle Jahre aus dem warmen Süden wieder zu uns kommst, obwohl es dort, wie die Leute sagen, so viel schöner sein soll als hier. Doch muss es wohl bei uns auch nicht so übel sein, sonst würden die kleinen, klugen Vögel, welche so gerne und eifrig dein Lob singen, nicht alle Jahre vorüberfliegen an der Pracht seiner Mandel- und Orangenbäume, um bei uns ihr Nest zu bauen in Weißdorn und Heckenrosen. Ja, wenn du einkehrst, lieber Frühling, und ihnen die Stätte bereitest, indem du das zarte Laub und die schimmernden Blüten aus der Knospe lockst, da kehren sie alle treulich wieder, und wo bis dahin nichts vernehmlich war als das raue Geschrei der Krähen, das Zirpen der Meisen oder höchstens der zwitschernde Gesang des ewig munteren Zaunkönigs, da ist nun die Luft erfüllt zum Überquellen von süßem Getön. Und nicht allein besetzt du die lichten Auenwälder mit jauchzenden Nachtigallen, welche jeder schätzt, und hängst die Luft voll tirilierender Lerchen, welche alle kennen, nein, so mannigfach wie Form und Farbe deiner Blumen und Blätter ist auch der Gesang deines munteren Geflügels. Oh, wie freue ich mich, wieder die süßmelancholisch abfallende Tonfolge des Fitis zu hören aus dem Erlenbruchwald oder im Gebüsch das Gezwitscher der Dorngrasmücke, welches dahinrieselt wie ein plätscherndes Bächlein. Oder das knarrende Schwatzen der Rohrsänger im Uferschilf und das eindringliche Pfeifen des Baumpiepers am Rand des Waldes. Ob sie nun viel können oder wenig, das gilt ihnen gleich, und der kleine Baumläufer zwitschert sein winziges Lied von anderthalb Tönen mit derselben Inbrunst wie die Nachtigall, und wer nicht singen kann, der trommelt wie die Spechte an einem dürren Ast oder klappert wie der Storch oder bläst das Bombardon wie die Dommel im Rohr. Ja, mein lieber Konzertmeister, das verstehst du einzurichten.

Allerlei haben wir doch schon zusammen erlebt, mein lieber Freund, und wenn es auch keine großen Dinge waren, so stehen sie doch wie liebliche Blumen in dem Garten meiner Erinnerung. Gedenkst du noch jenes ersten Pfingsttages in der kleinen mecklenburgischen Stadt, als ich den ganzen Morgen umhergeschweift war zwischen den blühenden Gärten, wo die goldenen Schmetterlinge flogen und die Vögel sangen. Du weißt es gewiss noch, denn es war einer von den herrlichsten Tagen, die du je geschaffen hast, und die Mädchen, welche mir begegneten, waren alle viel schöner als sonst, und aus ihren Augen leuchtete der Widerschein deines Glanzes. Wo waren sie denn mit einmal alle hergekommen, die man den ganzen Winter fast nicht gesehen hatte? Nun waren sie in ihren hellen Gewändern alle aus den finsteren Häusern hervorgeblüht wie die Hyazinthen aus dem dunklen Schoß der Erde. Und später, weißt du es wohl noch, lag ich in den Anlagen am Wall auf dem Rücken im Gras zwischen den goldenen Butterblumen, und zu meinen Häupten in der riesigen Silberpappel, die mit zarten Kätzchen über und über bedeckt war, sang eine Nachtigall ergreifend schön. Nicht fern von mir ragte mit rötlichem Gemäuer der Dom empor in die reine Luft, und aus ihm hervor mischten sich fromme Pfingstchoräle und das feierliche Dröhnen der Orgel mit dem Jubel ringsumher. Ja, überall blühte es, und ich blühte mit, überall sang es, und mein Herz sang mit, und obwohl sich weiter gar nichts ereignete, so war es doch eine Stunde des Glücks, die ich nimmer vergessen kann. Das war dein Zauber, du wunderbarer Frühling.

[...]

Dein treuer Verehrer

Heinrich Seidel

JA, ÜBERALL BLÜHTE ES, UND ICH BLÜHTE MIT,
ÜBERALL SANG ES, UND MEIN HERZ SANG MIT, UND
OBWOHL SICH WEITER GAR NICHTS EREIGNETE, SO
WAR ES DOCH EINE STUNDE DES GLÜCKS, DIE ICH
NIMMER VERGESSEN KANN.

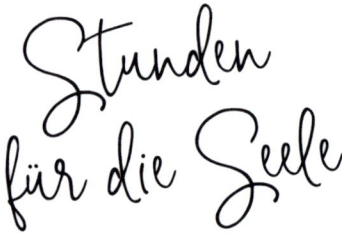

Stunden für die Seele

WONNEMONAT MAI – Monat der schwärmenden, singenden, balzenden Vögel – Monat der Hummeln – Monat des blühenden Flieders (und auch mein Geburtsmonat).

Ich schreibe dies im Freien, kurz nach Sonnenaufgang, unten am Fluss. Das Spiel des Lichts, die Düfte, die Melodien – Hüttensänger, Grasmücken, Wanderdrosseln, wohin man auch schaut – das lärmende, klingende Konzert der Natur. Als Untermalung dient das Hämmern eines benachbarten Spechts an seinem Baum und der entfernte Weckruf eines Hahns. Und die feuchte Erde duftet – die Farben, die zarten Grau- und lichten Blautöne am Horizont. Das leuchtende Grün des Grases hat durch die Milde und Feuchtigkeit der letzten zwei Tage eine zusätzliche Tiefe erhalten. Wie ruhig die Sonne zu ihrer Tagesreise in den weiten, klaren Himmel aufsteigt! Wie ihre warmen Strahlen alles überfluten und wie mit Küssen, fast heiß über mein Gesicht strömen.

Es ist eine Weile her seit dem Gequake der Teichfrösche und dem ersten Weiß der Hartriegelblüten.

JETZT SPRENKELT GOLDENER LÖWENZAHN IN ENDLOSER VERSCHWENDUNG ÜBERALL DEN BODEN. DIE WEISSEN KIRSCH- UND BIRNENBLÜTEN – DIE WILDEN VEILCHEN SCHAUEN AUS IHREN BLAUEN AUGEN AUF UND SALUTIEREN MEINEN FÜSSEN, ALS ICH AM WALDRAND ENTLANGSCHLENDERE.

Der rosige Schein knospender Apfelbäume, das leuchtend klare Smaragdgrün der Weizenfelder, das dunklere Grün des Roggens – eine warme Geschmeidigkeit durchdringt die Luft, die Wacholderbüsche sind reich geschmückt mit ihren braunen Äpfelchen – der Sommer erwacht ganz und gar. Die Amseln, in geschwätzigen Schwärmen, sammeln sich auf einem Baum und erfüllen die Stunde und den Ort mit Lärm, während ich in ihrer Nähe sitze.

Später. […] Ich sitze schreibend unter einem großen Wildkirschbaum – der warme Tag wird angenehm temperiert von einzelnen Wolken und einer frischen Brise, nicht zu stark und nicht zu schwach, und hier sitze ich lange und lange, umhüllt vom tiefen musikalischen Gebrumm dieser Hummeln, die über mir zu Hunderten herumschwirren, sich wiegen, hin und her schießen – dicke Burschen mit hellgelben Röcken, großen leuchtenden, schwellenden Leibern, gedrungenen Köpfen und hauchdünnen Flügeln, unablässig lassen sie ihr reiches, weiches Summen ertönen. […] Wie mich das alles kräftigt und wunderbar besänftigt – die frische Luft, die Roggenfelder, die Obstgärten. Die letzten beiden Tage waren makellos, was Sonne, Wind, Temperatur und überhaupt alles angeht, und ich habe sie zutiefst genossen.

Walt Whitman

Vom Spazieren

WENN WIR EINEN Spaziergang machen, wenden wir uns ganz natürlich den Feldern und Wäldern zu: Was würde aus uns werden, wenn wir uns nur im Garten oder auf der Promenade bewegen würden? Selbst die Vertreter einiger Philosophenschulen haben, da sie selbst nicht in den Wald gingen, die Notwendigkeit verspürt, den Wald herbeizuholen.

„SIE PFLANZTEN HAINE UND ALLEEN AUS PLATANEN",

und unternahmen in diesen offenen Säulengängen subdiales ambulationes*. Selbstverständlich ist es sinnlos, unsere Schritte zum Wald zu lenken, wenn wir dort nicht wirklich ankommen. Ich bin beunruhigt, wenn ich merke, dass ich eine Meile in den Wald hineingegangen bin, ohne auch im Geist dort zu sein. Bei meinen Nachmittagsspaziergängen möchte ich meine morgendlichen Beschäftigungen und meine Verantwortung gegenüber der Gesellschaft vergessen. Doch manchmal gelingt es mir nur schwer, das Städtchen abzuschütteln. Der Gedanke an irgendeine Aufgabe schießt mir durch den Kopf, und ich bin nicht mehr dort, wo mein Körper ist – ich bin nicht mehr bei Sinnen.

Auf meinen Spaziergängen möchte ich jedoch bei Sinnen sein. Was soll ich im Wald, wenn ich dabei an etwas denke, was nicht im Wald ist? Ich bin voller Argwohn, und ein unwillkürlicher Schauder überläuft mich, wenn ich feststelle, dass ich verstrickt bin in das, was man gemeinhin gute Werke nennt – denn auch dies kommt zuweilen vor.

Meine Umgebung ermöglicht viele schöne Spaziergänge, und obgleich ich seit vielen Jahren fast täglich und manchmal sogar tagelang unterwegs bin, ist der Vorrat noch nicht erschöpft. Ein gänzlich neuer Ausblick ist ein großes Glück, das für mich an jedem beliebigen Nachmittag möglich ist. In zwei oder drei Stunden kann ich in einer Gegend sein, die mir so fremd ist, wie ich sie mir nur wünschen kann. Ein Farmgebäude, das ich zuvor nicht wahrgenommen hatte, ist manchmal so interessant wie die Behausung des Königs von Dahome. In der Tat läßt sich zwischen den Möglichkeiten, die eine Landschaft in einem Radius von zehn Meilen bietet – einer Strecke, die man an einem Nachmittag bewältigen kann –, und dem etwa siebzig Jahre währenden menschlichen Leben eine Ähnlichkeit erkennen. Mit beidem ist man nie ganz vertraut.

Die heutigen sogenannten zivilisatorischen Fortschritte, wie das Errichten von Häusern, das Roden von Wäldern und das Fällen aller großen Bäume, entstellen die Landschaft bloß und machen sie zahmer und billiger. Wo ist das Volk, das mit dem Verbrennen der Zäune beginnt und den Wald stehen läßt? Ich sah halberrichtete Zäune mitten in der Prärie enden und einen weltlich gesinnten Geizkragen in Begleitung eines Landmessers die Grenzen seines Besitzes inspizieren, während ringsumher der Himmel die Erde berührte, doch er bemerkte die umherfliegenden Engel nicht, sondern suchte in diesem Paradies nichts weiter als ein altes Pfostenloch. Ein zweiter Blick zeigte mir, dass er, umgeben von Teufeln, inmitten eines morastigen, stygischen Sumpfes stand und zweifellos seine Grenze gefunden hatte – drei kleine Steine, welche die ehemalige Position eines Pfostens markierten –, und als ich genauer hinsah, erkannte ich, dass sein Landmesser der Fürst der Finsternis war.

Ich kann von meiner Haustür aufbrechen und leicht zehn, fünfzehn, zwanzig Meilen, ja eine beliebige Distanz zurücklegen, ohne an irgendeinem anderen Haus vorbeizukommen und ohne eine Straße zu überqueren, es sei denn an Stellen, wo Fuchs und Nerz es tun; zuerst gehe ich am Fluss entlang, dann am Bach, dann an einer Wiese und schließlich am Waldrand.

Es gibt in meiner Gegend ganze Quadratmeilen, die unbesiedelt sind. Zahlreiche Hügel bieten mir Ausblicke auf die Zivilisation und die Häuser der Menschen in der Ferne. Die Farmer und die Spuren ihrer Arbeit sind kaum auffallender als die Eichhörnchen und ihre Höhlen. Es freut mich zu sehen, wie wenig Raum der Mensch und seine Angelegenheiten, wie wenig Raum Kirche, Staat und Schule, Handel und Wandel, die Industrie und die Landwirtschaft und auch jene beunruhigendste Erweiterung des Menschen, nämlich die Politik, in der Landschaft einnehmen. Die Politik ist nur ein schmales Feld, zu dem die noch schmalere Landstraße dort unten führt. Manchmal beschreibe ich einem Reisenden den Weg dorthin. Wenn dein Ziel die Welt der Politik ist, dann folge der großen Straße – folge dem Marktschreier, laß den Staub, den er aufwirbelt, vor deinen Augen tanzen, und du wirst auf dem kürzesten Weg dorthin gelangen; denn auch die Politik hat ihren begrenzten Platz und nimmt nicht allen Raum ein. Wenn ich in den Wald eintrete, lasse ich sie hinter mir wie ein Bohnenfeld und habe sie gleich darauf vergessen. Ich kann zu einem Fleckchen Erde gehen, wo nicht jahrein, jahraus ein Mensch lebt und wo es daher keine Politik gibt, denn sie ist nichts weiter als Zigarrenrauch.

Henry David Thoreau

* *Eigentlich subdiales inambulationes (Plinius): Spaziergänge unter freiem Himmel*

Ein Wiesenspaziergang

24. APRIL 2007. Morgendliche Laufzeit: 9,5 Kilometer in 42 Minuten 2 Sekunden. Wie immer hier in Frankreich auf dem Land begegnete ich keiner Menschenseele; dafür bellten mich fünf Hunde an; sie sind Jogger nicht gewohnt. Ein schöner kühler Morgen, klarer blauer Himmel, das Gras mit dicken Tautropfen bedeckt, die Wallhecken voller Schlüsselblumen. Zahl der gesichteten Schmetterlingsspezies: sechs – ich lenkte mich von den Schmerzen beim Laufen dadurch ab, dass ich Arten bestimmte, ohne stehen zu bleiben. Das Gleiche habe ich auch schon mit Hummeln probiert, aber die sind beim Laufen schwieriger zu identifizieren. Zur heutigen Schmetterlingsausbeute gehörten ein Faulbaum-Bläuling und ein männlicher Zitronenfalter, dessen schwefelgelbe Flügel in der Sonne leuchteten. Auch ein Grünspechtpärchen scheuchte ich auf, das auf dem Weg am obersten Feld entlang mit Einemsen beschäftigt war, zweifelsfrei zu erkennen am aufgeregten Glük-Glük-Glük und dem wellenförmigen Flug. In jedem Gehölz, das ich passierte, zwitscherten Zaungrasmücken, ein melodisch dahinströmender Gesang. Die Paarungszeit ist voll im Gange – auch jetzt, während ich auf der Gartenbank neben der Haustür sitze und Schweiß auf meine Notizen tropft, höre ich das Gezwitscher immer noch aus allen Richtungen.

65 KILOMETER NORDWESTLICH von Limoges, in der Nähe des hübschen romanischen Örtchens Confolens an der Vienne, steht ein altes Bauernhaus. Etwa in der Mitte einer gedachten Nord-Süd-Linie und etwa 110 Kilometer von der Westküste entfernt zum Landesinneren hin, liegt das Gehöft in der Charente, einem großen, verschlafenen Département mit Eichenwäldern, rostroten Limousin-Rindern und Sonnenblumenfeldern – eine hügelige Landschaft, durch die träge der Fluss Charente mäandert. Das Haus wurde vor ungefähr 160 Jahren erbaut, wohl von einem gewissen Monsieur Nauche, der dem Anwesen auch seinen Namen gab, Chez Nauche. In dieser Region gibt es viele prächtige Bauernhäuser aus behauenem Naturstein, mit drei oder mehr Stockwerken und hohen, symmetrisch zu beiden Seiten eines imposanten Haupteingangs angeordneten Fensterreihen. Chez Nauche gehört nicht dazu. Seine dicken Mauern bestehen aus unbearbeitetem Kalkstein, ungleich großen Felsbrocken voller Fossilien, die man wohl aus den umliegenden Feldern ausgegraben hat. Statt mit Mörtel sind die Steine mit orangefarbenem Lehm verfugt, der gleichfalls dem hiesigen Boden entstammt. Die Wände haben sich über die Jahre verschoben und neigen sich einander in abenteuerlichen Winkeln zu. Die meist kleinen, in unregelmäßigen Abständen eingelassenen Fenster besitzen Laibungen aus verwitterten Eichenbalken; alte Holzläden, von denen die Farbe abgeblättert ist, hängen lose in den Angeln. Das lang gestreckte, nach Süden ausgerichtete Haus ist niedrig und gedrungen; es wurde so entworfen, dass sich alle Wohnräume im Erdgeschoss befanden, was dem Grundriss der meisten einfachen Bauernhäuser hier in der Gegend entspricht. Der riesige Dachboden diente zur Aufbewahrung von Heu, das gleichzeitig isolierende Wirkung besaß und die Bewohner im Winter vor Kälte schützte. Die Decken zwischen Wohnbereich und Heuboden bestehen aus dicken Planken, die auf massiven quadratischen Balken ruhen. Das Holz stammte vorwiegend von den Eichen der Umgebung, von Hand zugesägt, und tatsächlich kann man an den Balken auch heute noch die Sägespuren erkennen. Es muss eine Herkulesaufgabe gewesen sein, ein solches Haus zu bauen, auch wenn dadurch so gut wie keine Materialkosten anfielen.

Die Herstellung von Eichenbalken lief folgendermaßen ab: Man suchte in der Nähe einen möglichst ebenmäßig gewachsenen Baum und fällte ihn. Dann hob man unter dem Stamm eine Grube aus, tief genug, dass ein Mann darin liegen konnte, und zersägte den Stamm mithilfe einer riesigen Zweimannsäge in Vierkantbalken; dabei lag einer der Männer in der Grube und bekam den ganzen Sägestaub ins Gesicht, während der andere auf dem Baumstamm stand. Am Ende schleppte ein Pferd den fertigen Balken zum Haus, wo man ihn mithilfe von Seilen emporwand und in die richtige Position wuchtete.

Auch die Terrakotta-Dachziegel wurden aus Lehm gebrannt, der aus dem Umland stammte. Ihr typisches Aussehen geht auf die Römer zurück. Sie werden auch Klosterziegel genannt und abwechselnd in Reihen konvexer („Mönche") und konkaver Dachziegel („Nonnen") verlegt. Monsieur Nauche hat sie aber wohl kaum selbst gebrannt, sondern in einer Ziegelbrennerei gekauft. So zählen diese Ziegel zwar zu den wenigen größeren Anschaffungen, die er tätigen musste, stammten aber immerhin aus einem Betrieb in der Nähe. Ansonsten wurden das ganze Gebäude und die angrenzenden Scheunen aus Materialien erbaut, die sich kostenlos vor Ort gewinnen ließen, was den Gebäuden ein natürliches, organisches Flair verleiht, fast so, als seien sie aus dem Boden geschossen wie seltsame rechteckige Pilze.

Ich habe Chez Nauche im Jahr 2003 gekauft, von einem alten Bauern namens Monsieur Poupard. Wenn ich ihn mit meinen dürftigen Französischkenntnissen richtig verstanden habe, hat er dort sein ganzes Leben verbracht, Milchkühe gehalten und Landwirtschaft betrieben. Weit über sechzig Jahre alt und ohne Kinder, denen er das Gehöft hätte hinterlassen können, beschloss er, es zu verkaufen und in den Ruhestand zu gehen. Da er sich nie wirklich um das Anwesen gekümmert hatte, war es ziemlich verfallen. Das Dach leckte, die Holzbalken rotteten vor sich hin, die alte Tünche hatte schwarze Schimmelflecken und schälte sich von den Wänden. Die Fensterrahmen waren verfault, die geborstenen Glasscheiben mit alten Plastikplanen bedeckt und die modrigen Stellen unten an der Haustür mit platt gehämmerten Konservendosen vernagelt. Die sanitären Einrichtungen beschränkten sich auf einen alten, tropfenden Wasserhahn über einem steinernen Ausguss – es gab weder Bad noch Dusche, und die Toilette bestand aus einem Eimer im Schuppen.

Obwohl das Ganze also, gelinde gesagt, renovierungsbedürftig war, besaß es für mich, den von der Tierwelt faszinierten Biologen, trotz aller Mängel eine enorme Anziehungskraft. Durch Monsieur Poupards Nachlässigkeit wimmelten das Haus und die angrenzenden Gebäude von Leben. Viele stolze Hausbesitzer im heutigen Großbritannien reagieren entsetzt, wenn sie eine Assel auf dem Teppich oder eine Ameise in der Küche entdecken. Von dieser Furcht sollte man sich in Chez Nauche schleunigst verabschieden, sonst ist ein Nervenzusammenbruch vorprogrammiert. Das Haus ist über die Jahrzehnte praktisch mit seiner Umgebung verschmolzen. Und obwohl ich in den zehn Jahren seit dem Kauf einiges instand gesetzt habe, ist das Haus auch heute noch ein Zufluchtsort für unzählige Pflanzen und Tiere – die Dachziegel sind mit orangefarbenen, schwarzen und cremefarbenen Flechten überkrustet, auf denen Raupen weiden.

EIN SCHÖNER KÜHLER MORGEN,
KLARER BLAUER HIMMEL, DAS GRAS MIT
DICKEN TAUTROPFEN BEDECKT, DIE
WALLHECKEN VOLLER SCHLÜSSELBLUMEN.

ES UMTANZEN SIE HUMMELN,
SCHMETTERLINGE UND, MIT SCHWIRRENDEN
FLÜGELN, TAUBENSCHWÄNZCHEN,
DIE IHRE LANGEN GEKRÜMMTEN RÜSSEL IN DIE
NEKTARIEN DER BLUMEN TAUCHEN.

In den Rinnen zwischen den Ziegeln wächst Moos, vor allem auf der Nordseite des Hauses, und in den feuchten grünen Kissen wuseln zahllose Tausendfüßler, Asseln, Bärtierchen* und andere kleine Insekten herum. Auch die Mauern sind mit Flechten überwuchert und vom üppigen Laub wilden Weins bedeckt, der sich an einem rostigen Spalier emporrankt. Wenn die Sonne scheint, was hier oft der Fall ist, wärmen sich dort gern Schmetterlinge, Hummeln, Bienen und Fliegen auf, bevor sie sich auf Partner- oder Nektarsuche begeben. Diese Insekten werden von schwarz-weiß gestreiften Springspinnen und braun-grün gefleckten Eidechsen gejagt, flinken Tieren mit langen, klauenbewehrten Zehen, die in unglaublichem Tempo senkrecht an den Wänden emporflitzen und beim geringsten Zeichen von Gefahr blitzschnell in Löchern im weichen Lehmmörtel verschwinden. Die meisten Fluginsekten sind zu schnell, um sich fangen zu lassen, vor allem, wenn es ihnen gelingt, warm und startklar zu bleiben. Doch wenn sie sich dann in der Luft befinden, werden sie zur leichten Beute der Schwalben, die in den Scheunen nisten und in geringer Höhe an den Gebäuden entlangsegeln. Vor dem Haus sprießen alte Lavendelbüsche, deren verdrehte, verholzte Stängel sich unter dem Gewicht purpurner Blüten neigen. Es umtanzen sie Hummeln, Schmetterlinge und, mit schwirrenden Flügeln, Taubenschwänzchen, die ihre langen gekrümmten Rüssel in die Nektarien der Blumen tauchen.

Ein alter gepflasterter Pfad führt zur Eingangstür. In den Ritzen zwischen den warmen Steinen wohnen die kugelköpfigen Feldgrillen, unablässig hört man den fröhlichen Lockgesang der Männchen.

---

* Höchstwahrscheinlich haben Sie noch nie von Bärtierchen gehört, die auch Wasserbären oder, korrekter, Tardigrada genannt werden. Diese winzigen, achtbeinigen Lebewesen, die nur selten größer als ein Millimeter werden, gehören zu den zehn zähesten Tieren des Planeten. Sie können zehn Jahre ohne Wasser leben, man kann sie bis zu -273 °C abkühlen und bis 150 °C erhitzen, sie vertragen 6000 Atmosphären Druck und ein Tausendfaches der für Menschen tödlichen Dosis radioaktiver Strahlung. Ich habe absolut keine Ahnung, warum Wissenschaftler so verbissen versuchen, diese harmlosen kleinen Kreaturen zu töten.

Auch Eidechsen und junge gelbgrüne Zornnattern nutzen die Spalten, um dort Käfer und Spinnen zu jagen. Vor dem Haus stehen ein paar uralte, knorrig-gebeugte Nektarinen- und Pflaumenbäume, von deren Blättern sich die dicken grünen Raupen des seltenen Schwalbenschwanzes ernähren. Auf manchen Ästen wachsen Baumpilze. Grüne Laubheuschrecken thronen auf den Zweigen, von wo aus die Männchen versuchen, mit ihrem endlosen rauen Gesäge den Gesang der Grillen zu übertönen.

Im kühlen Dunkel des Hauses, wo das Zirpen der Grillen nur noch als fernes Summen zu vernehmen ist, wimmelt es von dämmerungsaktiven Lebewesen, darunter zahllose Spinnenarten. Spindeldürre Weberknechte spinnen nachlässig bizarre Netze zwischen den alten Balken, von denen sie kopfüber herabhängen, während riesige Hauswinkelspinnen, Tegenaria domestica, dichte trichterförmige Gespinste weben, die in tiefe Wohnhöhlen führen, ideale Verstecke. Die Holzbalken ihrerseits sind mit Tunneln durchzogen, angelegt von den fetten weißen Larven der solitären Langhornbiene und des Geschecktem Nagekäfers, oder auch von Holzwürmern, die in Wirklichkeit gar keine Würmer, sondern winzige Käfer sind. Unter den Möbeln und in Küchenschränken lauern satinschwarze Schwarzkäfer, die sich gravitätisch langsam fortbewegen; sie sind so schwer bewaffnet, dass sie Eile gar nicht nötig haben.

Nachts übernehmen die Mäuse das Regiment; Hausmäuse huschen über den Boden, gelegentlich auch die stattlichere, großäugige Waldmaus. Sie suchen nach Essensresten, schmackhaften Spinnen oder tagaktiven Insekten, die sich ins Haus verirrt haben und nicht mehr ins Freie finden. Über Mauern und Balken trippeln Bilche: Gartenschläfer mit ihrer feinen, waschbärartigen Gesichtszeichnung und dem langen Schwanz, der in einer flauschigen Spitze endet; aber auch der seltene essbare Siebenschläfer, der von den Römern als Delikatesse geschätzt wurde. So süß sie aussehen mögen, die Gartenschläfer sind aggressive kleine Biester, die sich nachts mit zittrigen Rufen verständigen und mich oft durch ihr lärmendes Gebalge wecken. Weil sie so lästig sind, habe ich Dutzende von ihnen gefangen; sie stehen total auf Cantal, einen pikanten Hartkäse aus den Bergen der Auvergne, auf diesen Köder sind sie bis jetzt noch jedes Mal hereingefallen. Als meine beiden ältesten

NACHTS

ÜBERNEHMEN

DIE MÄUSE

DAS REGIMENT.

Jungs, Finn und Jedd – damals etwa sieben und fünf Jahre alt –, zum ersten Mal einen dieser Gartenschläfer erblickten, der sie wütend aus der Falle heraus anknurrte und verzweifelt am Drahtgeflecht nagte, kamen sie angerannt und weckten mich mit der Botschaft: „Daddy, komm schnell, wir haben ein kleines Teufelchen gefangen!" Er sah wirklich ziemlich wild aus – das arme Ding hatte sich bei seinen Fluchtversuchen die Nase aufgeschürft. Ich lasse sie immer in großer Entfernung zum Haus frei, nachdem ich sie gut gefüttert habe, doch all meine Bemühungen scheinen die Population nicht im Geringsten zu reduzieren. Viel sanfter wirken da die Siebenschläfer, mit ihrem wunderschönen samtweichen Schwanz; sie sind so groß, dass man sie leicht für kleine, unglaublich süße Eichhörnchen halten könnte. Was sicherlich mit ein Grund dafür ist, dass ich es einfach nicht fertigbringe, sie aus dem Haus zu jagen.

Die vielen Mäuse, die auf dem Dachboden leben, sind nervös, denn sie haben ein Problem: ein Problem namens Schleiereule. Die Eulen hinterlassen riesige Gewöllehaufen; diese werden von den Larven der Kleider- und Fellmotte gefressen, die sich von den getrockneten Ausscheidungen anderer Tiere ernähren. Aber es gibt noch ein weiteres, ein mysteriöses Wesen, das die Mäuse fürchten sollten. Vor einigen Jahren habe ich in dem alten Dach ein Fenster eingebaut und bald danach auf dem Glas die Fußspuren eines großen Tiers entdeckt. Auch fand ich längliche, stinkende Exkremente, manchmal in der Einfahrt und sogar auf einem Fenstersims im Dachboden. Um welches Tier es sich auch handeln mochte, es machte fette Beute: Einmal fand ich Flügel und Kopf einer Schleiereule. Ein andermal, bei einem Ausflug am frühen Morgen, entdeckten meine beiden Jungs in der Einfahrt einen blutigen Fleischklumpen – die traurigen Überreste einer großen Zornnatter. Dem Durchmesser des Klumpens nach zu urteilen, muss es sich um eine mindestens anderthalb Meter lange Schlange gehandelt haben, doch bis auf ein 15 Zentimeter langes Mittelstück hatte der Angreifer sie komplett verschlungen. Das mysteriöse Tier, das für all das verantwortlich war, erlangte in unserer Familie bald schon fast mythischen Status, die Kinder stellten wilde Spekulationen darüber an. Erst viele Jahre später fand ich die Wahrheit heraus.

Ich möchte Sie jetzt auf einen Spaziergang mitnehmen. Wir

beginnen oben an der Einfahrt im Norden des Hauses, bei dem großen Kastanienbaum. Es ist ein Spätnachmittag Ende Mai, und der Baum steht in voller Blüte. Die mit duftenden cremefarbenen Blüten übersäten Kerzen ziehen Unmengen von Hummeln an, deren emsiges Geschwirre welke Blütenblätter auf den Weg regnen lässt. Wir schlendern die alte asphaltierte Einfahrt hinab, deren warme Oberfläche rissig ist, weil die Baumwurzeln von unten durchbrechen; kärgliche Büschel Wiesen-Kammgras sprießen aus den Spalten. Wir bleiben links stehen, um das Waldameisennest zu bewundern, eine sanft gewölbte Kuppel aus getrocknetem Gras, wimmelnd von großen kastanienbraunen Ameisen. Das Nest befindet sich meines Wissens seit zehn Jahren am gleichen Platz. Meine Jungs lieben es, den Ameisen zuzusehen und im Nest herumzustochern, und ich habe sie im Verdacht, dass sie ihnen gelegentlich Insekten zum Fraß vorwerfen. Schon bei der kleinsten Störung breitet sich wellenförmige Aktivität aus, da die Ameisen Alarmpheromone ausscheiden, um die anderen vor der Gefahr zu warnen. Die Ameisenpfade verlaufen vom Nest aus kreisförmig über den Asphalt, und die heimkehrenden Ameisen schleppen Pflanzen- und Insektenteile herbei, um die Brut zu füttern.

Jenseits des Ameisennests zu unserer Linken befindet sich eine dichte Ginsterhecke, die mindestens fünf Meter breit ist. Ein männliches Schwarzkehlchen sitzt auf dem höchsten Punkt der Hecke. Sein typischer Ruf erklingt – als schlage man zwei Kieselsteine gegeneinander. Das Weibchen sitzt irgendwo tief im Dickicht auf seinem muldenförmigen Moosnest und brütet seine himmelblauen Eier aus. Spähen wir durch die dichte Ginsterhecke in östlicher Richtung zur Einfahrt hinüber, sehen wir meinen großzügig angelegten Obstgarten: fünfzig junge Apfelbäume, die ich aus Kernen gezogen habe. Die größten von ihnen sind jetzt fast vier Meter hoch. Zwei der Bäume haben letztes Jahr erstmals Früchte getragen. Meine drei Jungs jagen in fünfzig Metern Entfernung Schmetterlinge. Die beiden ältesten, Finn und Jedd (mittlerweile zwölf und zehn), laufen voraus, aufgeregt schwatzend, jeder mit einem großen Schmetterlingskescher bewaffnet. Hinter ihnen kämpft sich unser Jüngster, Seth (drei Jahre alt), tapfer durchs hohe Gras, und das Einzige, was man in all dem Grün von ihm sieht, ist sein weißblonder Haarschopf.

EINES TAGES WIRD ER SO GROSS SEIN,
DASS ER VIELLEICHT SOGAR NÜSSE TRÄGT,
AUF JEDEN FALL ABER WIRD MAN IN
SEINEM SCHATTEN WUNDERBARE PICKNICKS
VERANSTALTEN KÖNNEN.

Zu unserer Rechten steht eine Bienen-Ragwurz. Ihre purpurrote Blüte ahmt Duft und Textur einer weiblichen Biene nach und verlockt so die männlichen Bienen zu einem Kopulationsversuch. Deren Mühe wird zwar nur damit belohnt, dass ihnen eine Pollenkugel am Kopf kleben bleibt, aber offenbar sind sie dumm genug, immer wieder in die gleiche Falle zu tappen, sonst ginge die Strategie der Bienen-Ragwurz ja nicht auf.

Ein Stück weiter wird die Einfahrt rechts von einer Reihe hoher Eichen und links von Ulmen und Eichen beschattet. Morsche braune Eicheln vom letzten Herbst liegen immer noch auf dem Boden verstreut. Die Ulmen wurden wiederholt vom Ulmensterben heimgesucht, das die Bäume, wenn sie erst einmal sechs bis sieben Meter hoch sind, in kurzer Zeit vernichtet, doch zum Glück haben sie sich rasch durch Wurzelschösslinge verbreitet, sodass immer wieder neue Bäumchen aus dem Boden sprießen. Ein Laubfaltermännchen, auch Waldbrettspiel genannt, fliegt von einem sonnigen Plätzchen in der Einfahrt auf, um sein Territorium zu verteidigen: Es verjagt einen Zitronenfalter, der es gewagt hat, in seine Domäne einzudringen.

Ich liebe die fantasievollen französischen Schmetterlingsnamen. Im Vergleich dazu wirken die englischen Namen meist recht einfallslos. Zum Beispiel beschreibt der englische Begriff für den Aurorafalter – orange tip – nur die orangerote Zeichnung der Flügel, wogegen das französische l'aurore – die Morgendämmerung – gleich viel poetischer klingt. Wie nennen wir Briten einen getüpfelten Schmetterling, oben erwähntes Waldbrettspiel? Natürlich speckled wood – die Franzosen hingegen nennen ihn le Tircis, nach einem Schäfer in einer Fabel von Jean de La Fontaine aus dem 17. Jahrhundert. Vor einigen Jahren kam mir die Idee, interessierten Nachbarn eine Führung durch die Welt der Schmetterlinge in Chez Nauche anzubieten. Ich schickte Info-Blätter an den Bürgermeister meines Dorfs Épenède und den Bürgermeister des nahe gelegenen Pleuville, mit der Bitte, sie an der Anschlagtafel der Gemeinde zu veröffentlichen. Ich kaufte jede Menge Limonade und büffelte die Namen sämtlicher französischer Schmetterlinge und anderer Insekten, obwohl sich mein schlechtes Französisch gewiss als Handicap erweisen würde. Am Tag des Events wartete ich zur angegebenen Zeit nervös vor meinem Haus – aber kein Mensch erschien. Zehn Minuten später tauchte schließlich doch noch ein Wagen auf; ihm entstiegen eine Engländerin und ihre jugendliche Tochter, die in der Nähe wohnten. Ich kannte sie zwar nicht, führte sie aber sehr gerne durch die Wiese, obwohl mich die geringe Resonanz vonseiten der französischen Nachbarn enttäuschte. Nun ja, vielleicht ist die Schmetterlingsjagd ja nur eine Beschäftigung für exzentrische Briten, der französische Landbewohner nichts abgewinnen können. Jedenfalls steht fest, dass Vogel- und Schmetterlingsschutzorganisationen in Großbritannien weltweit die höchsten Mitgliederzahlen aufweisen. Wir genossen den Spaziergang, auf dem wir zahlreiche Hummeln, Schmetterlinge und Grashüpfer beobachten konnten. Gegen Ende führte ich sie an einem alten Stück Wellblech vorbei, das ich am Rand des Felds platziert hatte. Da Schlangen wegen der Wärme ausgesprochen gern unter Blechplatten liegen, war ich mir ziemlich sicher, dass uns hier eine tolle Überraschung erwartete, als glanzvolles Finale unseres Rundgangs. Und tatsächlich entdeckten wir eine große Äskulapnatter, die ich mit einer schwungvollen Bewegung einfangen konnte. Wir nahmen sie mit zum Wagen, wo die Mutter ihre Tochter fotografierte, wie sie die Schlange streichelte, und ließen sie danach wieder frei. Was dann passierte, hatte ich allerdings nicht vorausgesehen. Die Schlange schoss unters Auto und fand irgendwie in den noch warmen Motor! Die nächste Stunde verbrachten wir damit, bei hochgeklappter Motorhaube intensiv nach ihr zu suchen – ohne Erfolg. Schließlich mussten die arme Frau und ihre Tochter widerwillig ins Auto steigen und zurückfahren, mit der Schlange im Wagen. Ich kann nur hoffen, dass alle drei die Reise gut überstanden haben.

Nun aber zurück zu unserem eigenen kleinen Rundgang. Wir erreichen das Ende der Einfahrt. Zu unserer Linken befindet sich ein Rechteck aus robusten Wänden – „das Alamo", wie mein Vater es getauft hat –, die Überreste einer riesigen Scheune. Als ich Chez Nauche kaufte, befand sich diese Scheune in desolatem Zustand: Im Dach klafften Löcher, die schönen alten Eichenbalken waren verrottet. Da ich mir eine Reparatur nicht leisten konnte, entfernte ich das Dach und verkaufte die noch einigermaßen brauchbaren Balken an einen Händler. Die alten Mauern bieten seither Eidechsen und wärmeliebenden Schmetterlingen ein sonniges

WENN MAN SICH HINSETZT, WIRD MAN
UNSICHTBAR – EIN WUNDERVOLLER ORT,
UM ZU ENTSPANNEN UND DIE WIESE
INTENSIV IN SICH AUFZUNEHMEN,
IHREN ANBLICK, IHREN DUFT,
IHRE GERÄUSCHE.

Plätzchen; aus dem steinigen Boden sprießen Unmengen von Karden und Disteln, zwischen denen man oft Peitschennattern entdeckt.

Zu unserer Rechten befindet sich eine kleine, mit Schlehdorn und Eschen überwachsene Mulde, einst ein flacher saisonaler Teich, den ich versehentlich mit Bauschutt aufgefüllt habe. Seitdem bin ich dabei, den Schutt nach und nach wieder abzutragen, in der Hoffnung, dass die Molche, die dort einst lebten, zurückkehren werden.

Biegen wir nun rechts von der Einfahrt ab und gehen am Teich vorbei über die offene Wiese. Dieser westliche Teil der Wiese ist einem großen Langzeitexperiment vorbehalten, das dazu dient, das Blumenwachstum zu fördern und die Gräser nach und nach zu verdrängen. Auf quadratischen Parzellen habe ich dort Kleine Klappertöpfe, Augentrost, Frühlings-Zahntrost und Wiesen-Wachtelweizen ausgesät, alles hemiparasitäre Pflanzen, die Kraft aus benachbarten Gräsern ziehen, indem sie deren Wurzeln anzapfen und die darin enthaltenen Nährstoffe aufsaugen. Wird das Wachstum der Gräser unterdrückt, entsteht mehr Raum für andere Blumen, so zumindest die Theorie. Der Klappertopf ist voll erblüht: Diese hübsche einjährige Pflanze mit ihren zarten gelben Blüten, die in der Mitte purpurrote Spitzen zieren, hat sich in kleinen Büscheln auf den Parzellen angesiedelt. Zu diesem frühen Zeitpunkt kann man zwar noch nicht sagen, ob sich die Anzahl der Blumen dadurch tatsächlich erhöht hat, aber zumindest bietet die Wiese jetzt im späten Frühjahr einen wirklich schönen Anblick. Nach zehn Jahren ohne Dünger und Pestizide haben sich dort zahlreiche Wildblumen selbstständig etabliert. Die vorherrschenden Grassorten sind das Knaulgras, das Wollige Honiggras und der Gewöhnliche Glatthafer, große, dominante Spezies, die alles andere ersticken, doch im Laufe der Zeit hat sich dies glücklicherweise etwas reduziert, und nun gibt es auch feinere, weniger aggressive Gräser, die für eine richtige Heuwiese typisch sind: das Schwingelgras, das Gewöhnliche Ruchgras und der Wiesen-Fuchsschwanz. Zwischen den Gräsern verstecken sich Blumen: wilde Geranien, Vergissmeinnicht, Jakobs-Greiskraut, Weiße Lichtnelken, Löwenzahn, Klee und Schneckenklee, um nur einige zu nennen. Manche davon wachsen in klar abgegrenzten Büscheln, entweder, weil sich ihre Samen

WIR LASSEN UNS NIEDER
UND BLICKEN ÜBER DAS TAL
UND DIE QUELLE HINWEG.

EIN SCHWALBENSCHWANZ SEGELT VORBEI,

DER ERSTE IN DIESEM JAHR,

EIN HERRLICHES GELB-SCHWARZES EXEMPLAR,

DESSEN HINTERFLÜGEL MIT BLAU-ROTEN

AUGENFLECKEN UND LANGEN SCHWARZEN

„SCHWÄNZCHEN" GESCHMÜCKT SIND.

nicht so leicht ausbreiten, oder eventuell auch, weil sie aufgrund subtiler Unterschiede der Bodenbeschaffenheit an diesen Stellen bessere Wachstumsbedingungen vorfinden.

Sobald wir die Einfahrt verlassen, betreten wir ein Beet, in dem das Fingerkraut, ein Kriechgewächs, üppig gedeiht; es ist mit der Rose verwandt und hat schlichte gelbe Blüten, die den Blumen auf Kinderzeichnungen ähneln. Die horizontal kriechenden Stängel sind wahre Fallstricke für den Spaziergänger. Fünf Meter weiter endet das Fingerkraut abrupt, und wir stehen vor einem dichten Büschel Wiesen-Platterbsen, einer Erbsensorte, die sich an größeren Grashalmen emporrankt. Zwischen der dichten Vegetation hören wir die hohen Schreie kämpfender Spitzmäuse; diese kleinen, aber gefräßigen Raubtiere absolvieren ihr kurzes Leben in hektischem Tempo, ständig damit beschäftigt, zu fressen und ihr Territorium erbittert gegen Artgenossen zu verteidigen. Auf die Platterbsen folgt ein üppiges Ackerklee-Beet. Hier schwirrt die Luft von langrüsseligen Hummeln – Gartenhummeln und Ackerhummeln –, die den süßen Nektar und proteinreichen, toffeebraunen Pollen des Ackerklees sammeln. Zuletzt folgt ein Beet, das dicht mit Labkraut bewachsen ist, einer angenehm duftenden Kriechpflanze mit winzigen dunkelgrünen Blättern und Köpfchen aus zahllosen gelben Blüten. Vor langer Zeit, bevor es komfortable Federkernmatratzen gab, wurde das Labkraut als süß duftende Einstreu für Betten verwendet – daher auch sein Spitzname Liebfrauenstroh.

Wir gehen jetzt in südwestlicher Richtung weiter, einen sanft abfallenden Hang hinab, von dem aus man die alten Bauernhäuser des Weilers Villemiers erblickt, auf der anderen Talseite, einen Kilometer entfernt. Der Transon, ein Nebenfluss der Charente, schlängelt sich am Talgrund entlang, ein träges, von kleinen schlammigen Pfützen durchsetztes Rinnsal, in dem zahllose Nutrias (oder Sumpfbiber) leben, südamerikanische Nagetiere, die vor langer Zeit aus Pelztierfarmen entkamen und in den vielen Flüssen und Teichen des Départements eine zweite Heimat gefunden haben. Es sind semi-aquatische, also teilweise im Wasser lebende Biber, die sich von anderen Biberspezies darin unterscheiden, dass sie lange, an Ratten erinnernde Schwänze haben. Sie können ziemlich lästig sein, da sie die Erde durchwühlen und riesige Bauten in die Uferböschungen graben, direkt an der Wasserlinie, was einem

Fluss zwar kaum schadet, sich auf einen künstlich angelegten Teich jedoch katastrophal auswirkt, falls dadurch der Damm durchlöchert wird.*

Irgendwo links in der Ferne hört man die wehklagenden Schreie eines Vogels. Meine Söhne und ich haben viele Stunden damit zugebracht, uns an dieses Tier heranzupirschen, das ich in Chez Nauche zum ersten Mal gehört habe. Sein Ruf erklingt fast den ganzen Frühling und Sommer über, meist aus südöstlicher Richtung, ein nasales Wack-Wack mit einer kurzen, aber prägnanten Pause zwischen den einzelnen Tönen.

Offenbar handelt es sich stets nur um ein einzelnes Exemplar dieses Vogels. Immer wenn ich meinen gelehrten ornithologischen Freunden einen Eindruck davon vermitteln möchte, wie er klingt, lachen sie mich aus und behaupten, es sei wohl nur eine Ente, aber das liegt nur daran, dass ich den Laut nicht richtig wiedergeben kann. Ich bin mit meinen Söhnen schon oft durchs hohe Wiesengras gerobbt, um das Tier zu finden, das diesen Ruf ausstößt. Wir verorten es in einer großen Eiche an der Grundstücksgrenze, doch immer, wenn wir uns nähern, verstummt es, ein Vogel jedenfalls kam uns nie zu Gesicht. Die Jungs vermuten, es müsse irgendein Fabelwesen sein, bunt gefärbt, mindestens einen Meter groß, mit Kamm und langem scharfem Schnabel, doch in diesem Fall müsste es sich schon sehr gut verstecken können. Ich frage mich langsam, ob es vielleicht gar kein Vogel ist, sondern irgendeine seltene Froschart. Vielleicht finden wir es eines Tages heraus.

Auch in Großbritannien, genauer gesagt in Ostengland, gab es früher einmal Sumpfbiber, die in den 1920er-Jahren versehentlich eingeführt wurden. Dadurch, dass sie sich in diesem sehr flachen Teil des Landes durch die Uferböschungen der zahllosen Entwässerungsgräben und Kanäle wühlten, verursachten sie Chaos und Verwüstung. 1989 lernte ich einen Wissenschaftler kennen, der kurz zuvor einen Job im vom Ministry of Agriculture, Fisheries and Food finanzierten Nutria-Kontrollzentrum angenommen hatte, zu einer Zeit, als die Sumpfbiber – obwohl es damals noch niemand erkannt hatte – bereits erfolgreich ausgerottet waren. Der letzte wurde 1988 in Norfolk gesichtet.

Die Wiese wird jetzt trockener, während wir uns auf den steilen Südhang an ihrem südlichen Ende zubewegen. Hier gedeiht vor allem Spitzwegerich. Das ist eine völlig unscheinbare kleine Pflanze, mit lanzettförmigen Blättern und unauffälligen braunen Blüten, aus denen ein Saum gelber Staubfäden baumelt. Doch die Blätter sind die bevorzugte Futterpflanze des wunderschönen Wegerich-Scheckenfalters. Der englische Name dieses Schmetterlings, Glanville fritillary, geht auf Lady Eleanor Glanville zurück, eine der ganz wenigen Schmetterlingsforscherinnen des 18. Jahrhunderts. Sie hat diese hübsche Spezies, die sie in der Nähe ihres Hauses in Lincolnshire fand, als Erste beschrieben. Der Wegerich-Scheckenfalter ist seit Langem aus fast ganz Großbritannien verschwunden; man findet ihn nur noch an der Südküste der Isle of Wight, doch in Chez Nauche ist er zu dieser Jahreszeit einer der häufigsten Schmetterlinge überhaupt, und so scheuchen wir während unseres Wiesenrundgangs Dutzende Exemplare auf. Die Oberseite ihrer Flügel ist orangeschwarz kariert, die cremeweiße Unterseite sehr hübsch orangefarben gestreift und schwarz getüpfelt. Mit ihrem pelzigen Leib wirken sie recht knuffig. Ich hatte schon immer ein Faible für den Wegerich-Scheckenfalter, habe mir die Puppen dieser Spezies schon als Kind bei Worldwide Butterflies besorgt und die Schmetterlinge dann in meinem Zimmer selbst gezüchtet. Aus den großen Gelegen gelber Eier schlüpfen samtschwarze ungewöhnlich gesellige Raupen; sie leben auf den Blättern des Spitzwegerichs in seidenen Gespinsten, die sie selbst produzieren. Sobald die Pflanze, auf der die Eier abgelegt wurden, komplett kahl gefressen ist, verständigen sich die Raupen auf irgendeine Weise und ziehen im Konvoi zur nächsten Pflanze.

Wir nähern uns jetzt einem tief eingesunkenen Weg, der die westliche Grenze der Wiese markiert. Zahllose Eichen, Haselnuss- und Schlehensträucher säumen beide Wegesränder. Als wir uns durch eine kleine Lücke in der Hecke zwängen, werden unsere Beine von der extrem stachligen Dornmyrte zerkratzt, die im Unterholz gedeiht. Auf dem Weg ist es schattig, an heißen Tagen versammeln sich dort Fliegen, um der Hitze zu entfliehen. Hier wollen wir uns die Senfweißlinge ansehen, gespenstisch weiße Wesen, die gemächlich den Weg entlangschweben, hin und her, mit sterbensmatt wirkendem Flügelschlag. Auch dies ist eine Spezies, deren Population in Großbritannien aus bislang noch unbekannten Gründen stark

DIE GRILLEN, DIE VERSTUMMT WAREN,
ALS WIR UNS NÄHERTEN,
ERSCHEINEN WIEDER AN DEN
EINGÄNGEN IHRER HÖHLEN UND
STIMMEN IHREN GESANG AN.

zurückgeht, doch in Frankreich scheint sie zu gedeihen. Nun biegen wir links ab, immer weiter steil bergab zum Transon, der direkt an mein Grundstück grenzt. Bevor er kurzerhand unter dem Weg verschwindet, bildet er einen kleinen Tümpel, auf dessen Oberfläche hektisch ein Schwarm glänzender Taumelkäfer kreiselt. Ich habe hier schon oft Ringelnattern beobachtet, die im seichten Gewässer Fische und Molche jagen; heute aber scheinen sie sich zu verstecken. Gerade als wir uns abwenden, flitzt eine männliche Prachtlibelle an uns vorbei, deren metallisch blauer Leib im Sonnenlicht schimmert. Das ist eindeutig die spektakulärste der Libellen, sie ist größer als jede andere europäische Spezies. Nicht nur schillert der Leib des Männchens, auch die Flügel sind mit großen blau-schwarzen Pigmentklecksen versehen, die bei jedem Flügelschlag aufblitzen. Das Weibchen weist eine etwas dezentere, schimmernde Grünfärbung auf, und wenn ein Paar zusammensitzt, was oft geschieht, ist das ein atemberaubender Anblick.

Wir gehen nun wieder ein kleines Stück den Berg hinauf und zwängen uns wieder durch die Hecke, um zur südlichen Ecke meiner Wiese zu gelangen. Nachdem wir einen steilen Hang hinaufgeklettert sind, laufen wir in nordöstlicher Richtung weiter, auf einen kleinen, vereinzelt stehenden Baum zu. Es ist ein Walnussbaum, den ich vor über sechs Jahren gepflanzt habe und der inzwischen ungefähr drei Meter hoch ist. Eines Tages wird er so groß sein, dass er vielleicht sogar Nüsse trägt, auf jeden Fall aber wird man in seinem Schatten wunderbare Picknicks veranstalten können. Auf dem schlanken grauen Stamm sitzt eine junge Gottesanbeterin, deren dreieckiger Kopf jeder unserer Bewegungen folgt, als taxiere sie eine potenzielle Beute. In grüner Vegetation sind Gottesanbeterinnen kaum zu

---

* Vielleicht liegt es an ihrer Größe und ihrer auffälligen Erscheinung, dass Gottesanbeterinnen lange Zeit mit allerlei Aberglauben in Verbindung gebracht wurden. In Nordamerika war man überzeugt, dass sie Menschen blenden und Pferde töten könnten. Die Franzosen billigten ihnen freundlichere Eigenschaften zu und glaubten, Gottesanbeterinnen zeigten verirrten Kindern den Heimweg. In Teilen Afrikas meint man, sie würden Glück bringen und gelegentlich sogar Tote zum Leben erwecken. Keine schlechte Bilanz für ein Insekt, das nur einen Schritt weit von der Kakerlake entfernt ist – sie sind enge Verwandte.

erkennen, also hat sich dieses Exemplar eindeutig den falschen Platz ausgesucht. Ihre kräftigen Vorderbeine sind unter dem Leib gefaltet, die Reihen scharfer Dornen zusammengeschlossen, jederzeit bereit, überraschend zuzuschlagen, falls ein Insekt sich zu nahe heranwagen sollte. Wird die Gottesanbeterin von einem Vogel attackiert, klappt sie blitzschnell die Flügel auf und enthüllt große Augenflecke, die die meisten Vögel in die Flucht schlagen.*

Direkt hinter dem Walnussbaum beginnt eine sanfte Senke von etwa zwanzig Metern Durchmesser, über der ein berauschender Duft hängt. Denn hier wachsen massenweise Wildkräuter – Basilikum, Thymian, Minze. Wenn man sich hinsetzt, wird man unsichtbar – ein wundervoller Ort, um zu entspannen und die Wiese intensiv in sich aufzunehmen, ihren Anblick, ihren Duft, ihre Geräusche. Ein Hirschkäfermännchen fliegt brummend vorbei; diese riesigen Käfer gibt es hier zu dieser Jahreszeit. Wegen ihrer massiven Kiefer, die sie für die Kämpfe mit Rivalen benötigen, fliegen sie allerdings recht unbeholfen. Sie bewegen sich so langsam, dass man sie ohne Weiteres im Flug fangen kann, aber dieses Exemplar lasse ich unbehelligt weiterziehen.

Von hier aus schlendern wir weiter Richtung Osten. Die Wiese senkt sich erneut in ein sanftes Tal, an dessen Grund eine kleine Quelle entspringt. Diese Quelle war einst die Hauptwasserversorgung für das Gehöft. Die Wassergebühren in Frankreich gehören zu den höchsten weltweit, deshalb zog es Monsieur Poupard vor, sein ganzes Wasser kostenlos aus der Quelle heraufzupumpen und in einen rostigen alten Tank zu leiten, der sich in einer der kleineren Scheunen befindet. Ein Brunnen wurde in die Erde gegraben und mit Steinen gesäumt. Das Bächlein, das dort seinen Ursprung hat, läuft südlich zum Transon hin. Ich lasse um die Quelle herum Sträucher wachsen, vorwiegend Schlehdorn und Brombeeren, wodurch ein wunderbar undurchdringliches Gestrüpp entstanden ist, in dem zahlreiche Vögel nisten. Ein Stück flussabwärts habe ich gelbe Sumpf-Schwertlilien gepflanzt, die gut gedeihen und sich mit ihren wächsernen Blättern und Stängeln hoch über das kriechende Gestrüpp erheben. Ihre leuchtenden Blüten locken Hummeln an.

Hinter den Sumpf-Schwertlilien liegt ein Teich, der von einem klobigen Damm aus Stein und Lehm aufgestaut wird. Dies ist mein Versuch, ein größeres Habitat für Wassertiere zu erschaffen, doch davon später mehr. Wir überqueren den Damm und steigen die andere Talseite wieder hinauf, immer noch in östlicher Richtung. Die Grundstücksgrenze zu unserer Rechten besteht aus riesigen, voll ausgewachsenen Eichen, aus denen der lebhaft plappernde, nasale Ruf der Dorngrasmücken ertönt. Auf dem Hügelkamm angelangt, befinden wir uns jetzt nahe der östlichen Grenze meines Grundstücks. Wir lassen uns nieder und blicken über das Tal und die Quelle hinweg – auf Chez Nauche mit seinen ockerfarbenen Gebäuden, die lange Schatten in unsere Richtung werfen, während dahinter am westlichen Horizont die Sonne versinkt. Ein Schwalbenschwanz segelt vorbei, der erste in diesem Jahr, ein herrliches gelb-schwarzes Exemplar, dessen Hinterflügel mit blau-roten Augenflecken und langen schwarzen „Schwänzchen" geschmückt sind. Es ist ein Männchen, das eifrig nach einem frisch geschlüpften Weibchen sucht, um sich mit ihm zu paaren. Die Grillen, die verstummt waren, als wir uns näherten, erscheinen wieder an den Eingängen ihrer Höhlen und stimmen ihren Gesang an. Der Sommer naht. Für Insekten ist dies die Zeit der Paarung, des Nektars, des Sonnenscheins und der Blumen. Es ist meine liebste Jahreszeit, und mein liebster Ort ist diese Wiese hier, wo die Natur förmlich explodiert und die Welt noch in Ordnung ist. Na ja, beinahe. Wenn ich nur daran gedacht hätte, ein paar Dosen kaltes Bier mitzubringen. Und vielleicht ein Stück Käse.

Dave Goulson

Sommerfrische

NOCH AN DEMSELBEN ABEND ging der Vater nach dem Abendessen mit uns Kindern zum Strand, Mutter und Christa bereiteten
unterdes die Schlafgelegenheiten vor. Es war fast noch hell, und
wir liefen jubelnd vom Feldweg an die Ränder der Kornfelder. Wir
pflückten roten Mohn und blaue Kornblumen, rosa Raden und weiße
Margeriten. Wir waren Großstadtkinder, es schien uns unbegreiflich
herrlich, dass dies alles „umsonst" wuchs, dass wir keiner Blumenfrau
dafür Geld zu geben hatten.

Vater ging unterdes behaglich weiter, mit seinem gleichmäßigen
Schritt, bald waren wir hinter ihm, bald ihm weit voraus. Er freute
sich unseres Glücks, nur mit einem leisen Wort erinnerte er uns
manchmal daran, dass wir auch um der schönsten Blumen willen kein
Korn zertreten durften. Dann dachte ich an Andersens schönes Märchen von dem Mädchen, das auf das Brot trat, und begnügte mich
gerne mit den Blumen am Feldrand. Noch heute empört und betrübt
es mich, wenn ich achtlos zertretenes Korn sehe oder eine zerlegene
Wiese. Das sitzt seit den Ermahnungen Vaters unverwischlich in mir!

Nun kommen wir in den Wald, und es wird dunkler um uns. Wir
Kinder halten uns näher beim Vater und fangen an zu lauschen, ob
wir schon die Brandung der See hören. Aber Vater sagt uns, es wird
heute keine Brandung geben, es ist kaum Wind gewesen am Tag. Und
trotzdem hoffen wir und lauschen wir weiter ...

Allmählich wird der hochstämmige Kiefernwald niedriger, er
flacht sich gegen die See ab wie ein ungeheures schräges Dach, die
Bäume sind alle landeinwärts gewachsen. Immer niedriger werden
sie, immer verkrüppelter, hell schimmert es schon vor uns durch sie
hindurch.

Nun fangen wir doch wieder an zu laufen, jedes will zuerst die
See sehen. Die Kiefern haben aufgehört, wir laufen nun mühsam im
Dünensand bergan. Der Strandhafer raschelt, ein kühler Atem bläst
uns sanft an.

Und dann stehe ich wieder oben auf der Düne, und wie jedes Jahr, wenn wir an der See sind, überfällt mich das altvertraute, und doch immer wieder bestürzende Gefühl der ungeheuren Weite, die sich mir auftut. Zuerst sehe und fühle ich nichts anderes als dies, wie groß das ist, wie es immer weitergeht, auch dort, wo Horizont und Wasser ineinander verlaufen. Mein kleines Jungenherz pocht aufgeregt: Hier stehe ich ja, und ich sehe dies. Es ist auch für mich da, und ich gehöre dazu, fühle ich, ohne mich wäre es nicht so da, wie es jetzt ist. Es ist ein Ewigkeitsgefühl, ein Unvergänglichkeitsahnen, das mich überkommen hat. Ich könnte es nicht mit Worten beschreiben, aber ich fühle es ...

Ich bin ein kleiner, kränklicher, von vielen Missgeschicken verfolgter Junge ... Aber hier stehe ich nun auf der Dünenkuppe wie die Gesündesten, und ich fühle dies ... Jedes Jahr überkommt mich zwei-, dreimal angesichts der See dieses Gefühl, dass ich da bin und dass ich da sein muss. Dass die Welt nicht ohne mich da wäre. Es ist ein dunkles stolzes Gefühl, das doch demütig macht.

Wenn ich jetzt hinunterlaufe von der Düne, wenn ich die kleinen Plätscherwellen sehe, die auf den flachen Sandstrand laufen, wenn ich Muscheln suche oder die kleinen, frisch gespülten, gelblichen Kiesel, die beinahe Bernstein sein könnten – dann wird auch dieses Gefühl vergessen sein. Wenn ich die Nähe der See anschaue, vergesse ich ihre Weite über den tausend Einzelheiten. Aber ich hatte es, und ich habe es noch ...

Und nun kommt Vater. Er nimmt mich bei der Hand und führt mich hinunter zu meinen drei Geschwistern, die längst vorausgelaufen sind, und während des Gehens sagt er leise zu mir: „Ist das schön, Hans?"

„Es ist so groß, Vater", antworte ich.

„Ja, es ist groß", bestätigt Vater. „Sehr groß. Wenn du wieder in Berlin bist, vergiss nicht, dass es etwas so Großes gibt. Es gibt viel Großes, Hans, für den Menschen, der es nur fühlen kann, nicht nur an der See oder in den Bergen. Auch in den Büchern und in der Musik, in Bildern und Plastik – aber besonders im Menschen. Es hat sehr große Menschen gegeben, Hans ..."

Ich will Vater noch fragen, ob es denn heute keine großen Menschen mehr gibt, aber nun sind wir schon bei den Geschwistern, und alle Größe verschwindet über der wichtigen Frage, ob wir noch waten dürfen ...

ES WAR FAST NOCH HELL,
UND WIR LIEFEN JUBELND
VOM FELDWEG AN DIE RÄNDER
DER KORNFELDER.

„Vater, nur fünf Minuten, bitte, bitte!"

Vater hat Bedenken, ob es Mutter auch recht sei. Er weiß auch nicht recht, wie wir uns abtrocknen sollen. Und werden wir uns auch nicht erkälten? Aber dann erlaubt er es uns doch, und einen Augenblick später sind wir im Wasser, fühlen die sanfte Kühle, gehen mit unseren befreiten, nackten Füßen über den weichen Sand, sind glücklich. Natürlich werden aus den fünf Minuten doch zehn Minuten, und natürlich taucht der Hans doch trotz aller Vorsicht die aufgekrempelten Hosenränder ins Wasser. Aber heute schadet alles nichts. Nicht einmal unter uns streitgewohnten Geschwistern gibt es ein unfreundliches Wort …

Eine Stunde später liege ich im Bett. Ede schläft schon, er war so früh aufgestanden und so spät ins Bett gekommen wie noch nie. Auch ich hatte gedacht, todmüde zu sein, aber als ich nun im Bett liege, kann ich nicht einschlafen. Immerzu lausche ich auf die ungewohnten Geräusche. Das Fenster steht weit offen, und ich höre das leise Bewegen von Zweigen im kleinen bäuerlichen Blumengarten. Ich höre das Rasseln einer Kette im Kuhstall und ein paar Höfe weiterhin das Bellen eines Hundes. Ich bin so glücklich, dass ich gar nicht einschlafen möchte. Ich möchte immer so wach liegen, es ist schade darum, solch Glück zu verschlafen.

Aber dann rechne ich mir aus, dass noch neununddreißig solche Ferientage voller Glück vor mir liegen, den Abreisetag nicht gerechnet, und wenn ich fünfzehn Stunden an jedem Tag wach bin, so macht das fünfhundertfünfundachtzig Stunden Glück, ohne Schule und andere Sorgen. Das scheint mir eine so ungeheure Zahl, besonders wenn ich daran denke, wie lang eine Lateinstunde ist, dass die Ferienstunden eigentlich nie alle werden können. Abreise und Schulbeginn sind so fern wie der Mond, dessen Strahlen wie ein sanfter heller Schnee vor meinem Fenster leuchten.

Am anderen Morgen wache ich auf, und noch ehe ich meine Augen geöffnet habe, verraten mir die Vögel im Garten, dass ich in den Ferien bin, dass ein unendlich langer seliger Tag vor mir liegt, einer von neununddreißig. Ich denke, es ist noch ganz früh, ich höre Edes sanften Schlafatem. Aber nun tut die Tür sich auf, Mutter kommt herein und ruft: „Aber nun aus den Betten, ihr Langschläfer! Es ist gleich neun! Wer von euch beiden will denn nun die Eier aus dem Hühnerstall holen –?!"

Da springen wir beide aus den Betten, und der erste Ferientag beginnt.

Sie haben es gehalten, diese Ferien, was sie versprachen, wie eigentlich alle mit den Eltern verbrachten Sommerferien herrlich waren. Vater hatte trotz seines Aktenkoffers so viel Zeit für uns, und auch Mutter saß häufig bei uns, wenn sie meistens dabei auch Bohnen schnitzelte oder Erbsen palte. Die Ferien brachten alle Jahre Kinder und Eltern wieder näher zusammen. Es gab kaum noch Missverständnisse und sehr wenig Unarten. Natürlich muckschten wir manchmal, wenn wir aus dem schönsten Spiel heraus an die Schularbeiten mussten – Vater hielt streng darauf, dass wenigstens etwas getan wurde –, aber das war im Augenblick, wenn wir unsere Hefte zusammenlegten, wieder vergessen.

Morgens ging es regelmäßig an den Strand, aber fast jeden Nachmittag wurde ein langer Spaziergang durch die Wälder gemacht. Vater war unermüdlich, immer neue Ziele zu entdecken oder neue Wege zu alten Zielen. War es aber eines Tages zu heiß, so suchten wir uns eine schattige Stelle am Waldrand, und Vater fing an zu erzählen. Er konnte die herrlichsten Geschichten erzählen, und für uns Kinder einer neuen Generation war eine besondere Lichtseite dieser Geschichten, dass es nicht einfache Märchen waren, sondern dass sie alle Bezug auf unser Leben hatten. Sie erzählten uns von dieser Welt, die uns umgab, und machten sie uns fasslicher.

So erzählte uns Vater an einem Nachmittag die Geschichte von den vier Getreidearten, die sich stritten, welche dem Menschen am nötigsten sei. Er berichtete, wie die Getreidearten untereinander ausmachten, dass jede ein ganzes Jahr dem Menschen fehlen sollte, wie die Hühner plötzlich keine Gerste zu fressen fanden und wie die Pferde dem Menschen ohne Hafer fast ausgestorben wären. Dann wiederholte er, was die Berliner alles zu sagen hatten, als ihnen Schrippen und Knüppel fehlten, und wie traurig die Kinder wurden ohne allen Kuchen aus Weizenmehl. Aber am schlimmsten war es doch, als der Roggen nicht mehr wuchs, als kein Brotkorn mehr in die Mühlen kam, als die Bäcker kein Mehl mehr zum Brotbacken hatten. Wie anders redeten da die Berliner, als sie sich plötzlich nur mit Schrippen und Knüppeln ernähren sollten! Und wie weigerten sich die Kinder, ewig nur weißen Kuchen zu essen! Ja, es war eine schlimme, schreckliche Zeit, als Korn fehlte!

Auf dem Heimweg sahen wir Kinder mit besonderer Achtung auf jedes Getreidefeld. Wir wussten sie alle wohl zu unterscheiden: die gelbgoldene Rispe des Hafers von der flachen, begrannten Gerstenähre, den goldigen, fast viereckigen Weizenkolben von dem etwas fahlen hohen Stand des Roggens, in dem die graugrünlichen Körner, mit ihrer Spitze schräg zur Erde weisend, standen.

Oder Vater erzählte uns von der Elektrizität. Er wusste viele Geschichten von der Elektrizität, wie man sie zuerst entdeckt, wie einen Zwerg so klein und schwach, und wie man sie heute in Riesenwerken aus Kohlen oder Wasser hervorzauberte und wie man sie sich auf tausend Arten dienstbar machte. Vater wusste immer neue Geschichten, und oft durften wir uns auch ganz einfach eine bestellen, wie es zugegangen war bei der Entdeckung Amerikas, und ob es wohl möglich sei, dass der Mensch fliegen lerne. Vater wusste alles ...

Mit Respekt dachte ich dann an eine technische Zeitschrift, „Prometheus" genannt, die allwöchentlich in unser Haus kam und die Vater regelmäßig las; wenn er auch ein Jurist war, er interessierte sich für alles. Er wollte nicht hinter seiner Zeit zurückbleiben, er wollte verstehen, was vorging ...

Kam aber ein kalter regnerischer Tag und saßen wir in den engen Zimmern Mutter gar zu sehr im Weg und quälten sie mit unseren ewigen Wünschen, so nahm Vater ein Buch aus dem Aktenkoffer und zog mit uns auf den Heuboden oder auf die Scheunendiele, und dort las er uns vor, viele Stunden lang, bis er ganz heiser wurde. Wie viele Bücher habe ich so in den Ferien von Vater vorlesen hören: den Ivanhoe von Walter Scott und den ganzen Max Eyth, von Pyramiden und Dampfpflügen und dem armen kleinen Schneider Berblinger in Ulm, der so gerne das Fliegen erfunden hätte. [...]

Nein, wie eilig flogen die Ferientage dahin. Kaum waren wir erst so recht aufgestanden, so mussten wir schon wieder ins Bett! Nun wurden schon die Blaubeeren reif. Aus dem Wald kamen wir mit schwarzen Mündern heim und mit Flecken in unseren weißen oder weiß-blau gestreiften Sommerblusen, über die Mutter schalt. Und dann gab es nach ein paar Regentagen Pilze über Pilze. Überall drängte dies stämmige Geschlecht aus dem Waldboden, und Vater lehrte uns, die nützlichen von den Schädlingen zu unterscheiden.

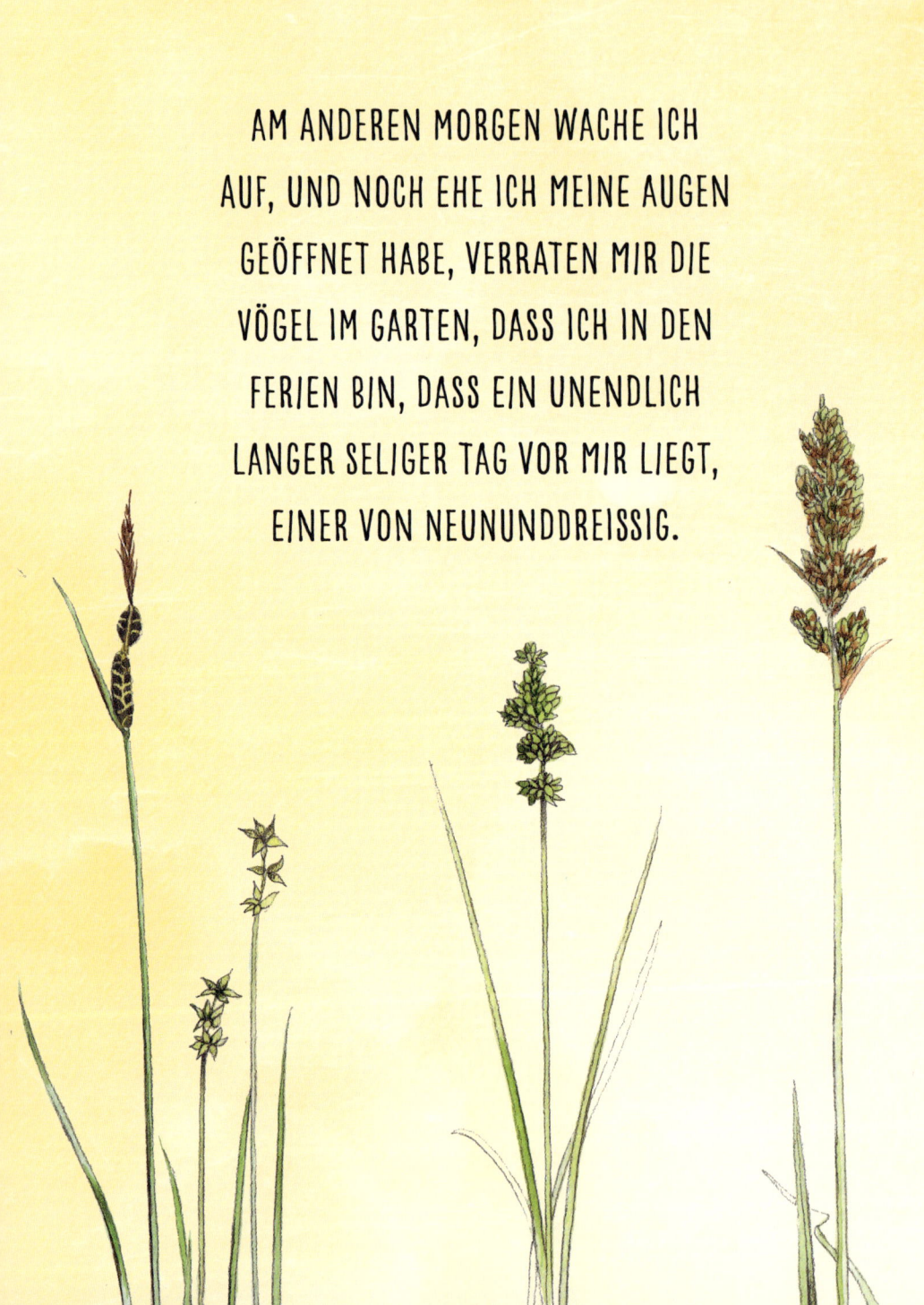

AM ANDEREN MORGEN WACHE ICH
AUF, UND NOCH EHE ICH MEINE AUGEN
GEÖFFNET HABE, VERRATEN MIR DIE
VÖGEL IM GARTEN, DASS ICH IN DEN
FERIEN BIN, DASS EIN UNENDLICH
LANGER SELIGER TAG VOR MIR LIEGT,
EINER VON NEUNUNDDREISSIG.

Diese endlosen Jagden nach Pilzen, immer tiefer in das Herz des Waldes hinein, ohne Weg und Steg! Wenn man dann einen Augenblick still stand, vom vielen Bücken sauste das Blut noch in den Ohren, aber man meinte das Sausen draußen zu hören, die Stimme des Waldes selbst, als sängen Sommer und Wald gemeinsam ein großes feierliches Lied zu Ehren der Schöpfung, und jede Mücke stimmte mit ihrem Sirr-Sirr darin ein!

Und das Glück, diese Entdeckerfreude, wenn man plötzlich, nach langem vergeblichem Umherstreifen, den Waldboden vor sich gelb werden sah von den Kolonien der Pfifferlinge! Manchmal war es, als bildeten sie fast kreisrunde Dörfer auf dem Waldboden, und dann wieder zogen sie in langen Straßen dahin, die plötzlich aufhörten, rätselhaft warum, und eine Viertelstunde lang wuchs dann weit und breit kein Pfifferling!

Einsam stand dagegen der Steinpilz, das waren ernste Gesellen mit braunem Hut, manchmal mit zwei, drei stämmigen Kindern, schräg gegen des Vaters Fuß gestellt. Mit welcher Spannung schnitt man sie ab und schaute auf die weiße Schnittfläche, ob sie auch madenfrei seien. Und dann wieder streiften wir weit über die Wiesen und suchten Champignons, und wir lernten die verschiedenen Arten genau unterscheiden, den Waldchampignon und den Wiesenchampignon und den Schafchampignon. Der Letzte war aber bei uns der Begehrteste, wenn auch sein Name fast verächtlich klingt.

Kamen wir dann abends müde und hungrig nach Hause, beladen mit Netzen und Körben, so seufzte Mutter wohl über die nicht abreißende Arbeit. Denn die Pilze mussten noch am gleichen Abend geputzt werden, damit sie in der Sommerhitze nicht verdürben. Dann saßen die weiblichen Familienmitglieder noch lange auf, sogar Itzenplitz und Fiete bekamen ein Küchenmesser in die Hand und mussten mithelfen. Wir Jungen aber wurden mit dicken Stopfnadeln bewaffnet und hatten die geputzten und zerschnittenen Pilze auf lange Schnüre zu reihen, an denen sie in der Sommerhitze getrocknet wurden. Wohl schrumpften sie dann ein, wurden schwärzlich und unansehnlich, aber wir wussten, dass sie im Winter in mancher Pilzsuppe, Pilzsoße, Pilzauflauf mit dem ganzen guten Geruch der feuchten Walderde ihre Auferstehung feiern würden!

Hans Fallada

Unterwegs mit einem Kind

„Die meisten Menschen wissen gar nicht, wie schön die Welt ist und wie viel Pracht in den kleinsten Dingen, in irgendeiner Pflanze, einem Stein, einer Baumrinde oder einem Birkenblatt sich offenbart. Die erwachsenen Menschen, die Geschäfte und Sorgen haben und sich mit lauter Kleinigkeiten quälen, verlieren allmählich ganz den Blick für diese Reichtümer, welche die Kinder, wenn sie aufmerksam und gut sind, bald bemerken und mit dem ganzen Herzen lieben.

Rainer Maria Rilke"

WENN ICH FELIX VOM Kindergarten abhole, stehe ich jedes Mal vor der Gewissensfrage: Nehme ich das Auto? Oder wenigstens den Fahrradanhänger? Mein Gewissen sagt mir: Felix braucht Bewegung. Und du genauso.

Das sonnige Wetter verbündet sich heute mit meinem Gewissen. Ich gehe zu Fuß hin. Statt zehn Minuten wird die Aktion eine knappe Stunde dauern, das weiß ich schon jetzt.

Und welches Geschenk einem ein Kind damit machen kann!

Noch in Sichtweite des Kindergartens bleibt Felix das erste Mal stehen, an einem Baum am Eingang zum Schwimmbad. Er sagt, er wolle Raupen sammeln, und hebt längliche, weiche Stängel auf, bis er ein gutes Dutzend in den Händen hält. „Die sind schon tot", sagt er enttäuscht.

Es sind keine Raupen, es sind die puscheligen Blütenstücke des Baums, die herabgefallen sind. Ich nehme Felix auf die Schultern und zeige ihm oben am Baum, dass da noch Hunderte an den Zweigen hängen, und erkläre ihm, dass es sich um Blüten handelt.

„Ach so", sagt er.

Sie sehen wirklich wie Raupen aus. Ich habe dank Felix jetzt auch genauer hingesehen. Ich setze ihn wieder auf dem Boden ab und wir gehen ein paar Schritte. Er stellt sich vor ein Gesträuch und späht in das Dunkel.

„Da darf ich nicht hingehen", sagt er. „Da ist es ekelig, oder? Da sind viele Regenwürmer." Oh, wie es ihn hineinzieht! Er steckt mit dem Kopf schon halb im Unterholz. „Da sind Schnecken!" Er ist begeistert.

Hat er wirklich welche gesehen? Oder geht die Fantasie mit ihm durch? „Komm weiter", sage ich. Wie oft er das schon von mir gehört hat. Er ist geübt darin, es auszublenden.

Endlich überzeuge ich ihn doch. Einige Schritte weiter zeigt er mir Brennnesseln am Wegrand und fasst mit der Hand hinein. Prompt hat er sich am Daumen verbrannt. Er reibt ihn am Sweatshirt und klagt.

Ich befeuchte seinen kleinen Daumen mit Spucke und puste, um ihn zu kühlen. Als ich selbst noch ein Kind war, haben mich Brennnesseln genauso fasziniert. Es ging damals das Gerücht, dass man später kein Rheuma kriege, wenn man sich mehrfach an Brennnesseln verbrannt habe. Wir forderten uns gegenseitig heraus, mutig zu sein und in die Brennnesseln zu fassen. Wenn es Streit gab mit einer anderen Bande von Jungs, befestigten wir Brennnesseln an einem Stock und fuchtelten drohend damit herum.

Damals habe ich oft die Blüten der Taubnesseln gepflückt und sie ausgesaugt. Sie schmeckten herrlich süß. Ich habe lange keine mehr gesehen. Könnte ich eine Taubnessel überhaupt noch erkennen?

Felix hat im Kindergarten einen neuen Ausdruck gelernt, ich kenne ihn noch nicht aus seinem Mund. Er rennt plötzlich los und ruft dabei: „Volle Kanne!" Dann bleibt er stehen und sieht mich mit blitzenden Augen an. „Papa, wollen wir volle Kanne?"

Ich sage: „Ja, volle Kanne!", und wir rennen los. Er sieht süß aus, wenn er rennt, er hat noch nicht gelernt, dabei den Oberkörper nach vorn zu neigen, kerzengerade rennt er, der kleine Kerl, und seine Beinchen stampfen, und er sieht sich nach mir um, immer wieder blickt er jubelnd über die Schulter, sodass ich schon fürchte, dass er lang hinschlagen wird, „guck nach vorne!", ermahne ich ihn im Laufen, er juchzt, aber als ich das für eine Aufforderung nehme, ihn zu fangen, und nach ihm fasse, protestiert er, er will nicht gefangen werden, er will rennen, er will „volle Kanne".

Wir kommen zu einer Bank, Felix sagt: „Wir machen Pause", und setzt sich.

Es ist eine schöne, vom Wetter verwitterte Holzbank, das Holz ist grau geworden und schadhaft, aber gerade das gefällt mir. Die Kanten der Bank sind abgeschliffen von Wind und Regen, man setzt sich fast so bequem wie auf ein Sofa, kommt es mir vor.

Mein Söhnchen sitzt neben mir, seine Beine baumeln in der Luft. Er sieht zufrieden aus. Ob er die Rast wirklich gebraucht hat? Mir erscheint es eher, als spiele er die Pause, wie ein Ritual, das er genießt.

Ich stehe auf. „Weiter geht's." Als Mitglied der Leistungsgesellschaft habe ich mir die Pausen abtrainiert. Es macht mich unruhig, einfach mitten am Tag auf einer Bank zu sitzen und ins Grüne zu blicken. Es fühlt sich ungehörig an.

„Ich bleibe noch", sagt er. Dieser schlaue kleine Mensch will die durch den Spaziergang ohnehin entschleunigte Bewegung noch einmal verlangsamen, er will genauer um sich blicken und Dinge sehen, die man selbst in einer langsamen Bewegung nicht sieht.

Ich gehe 50 Meter, ohne mich umzudrehen. Es muss eine Autorität durch das Handeln geben. Irgendwann wird es ihm mulmig

ER RENNT PLÖTZLICH LOS UND
RUFT DABEI: „VOLLE KANNE!" DANN
BLEIBT ER STEHEN UND SIEHT MICH
MIT BLITZENDEN AUGEN AN. „PAPA,
WOLLEN WIR VOLLE KANNE?"
ICH SAGE: „JA, VOLLE KANNE!",
UND WIR RENNEN LOS.

werden, will er denn nicht hinter mir herkommen? Neugierig drehe ich mich um.

Er sitzt immer noch vergnügt auf seiner Bank.

Weiter möchte ich mich nicht entfernen, immerhin gibt es neben der Bank einen Fluss, in den er hineinfallen könnte. Ich rufe nach Felix. Er sieht in der Gegend herum, als hätte er nichts gehört.

Endlich springt er auf und kommt zu mir gerannt. Er fragt: „Können wir noch Pause machen?"

„Nein", sage ich, „ich möchte nach Hause."

Er sagt: „Na gut", als hätte er es mir gönnerhaft erlaubt. „Ich bleibe." Und rennt zurück zu seiner Bank.

Nachdem er eine Weile gesessen hat, fasziniert ihn die Wiese hinter der Bank, eine wilde, blumenbestandene Wiese, blaue, lila und gelbe Blumen, die Gräser und Blumen reichen ihm bis zur Brust.

Er rennt juchzend hinein, dann lässt er sich ins Gras fallen und ist verschwunden, ein Menschlein in seiner Größe braucht kein Versteck, eine einfache Wiese genügt.

Ich gehe besorgt in seine Richtung. Da hebt sich sein Kopf über das Gras und er grinst mich an.

Natürlich will er das noch mal machen. Wieder rennt er ein Stück und lässt sich fallen. Ich weiß, wie es sich anfühlt, wenn einen weich und kühl das Gras empfängt, weil ich als Kind dasselbe gemacht habe. Ich habe noch den Duft des Grases in der Nase.

Felix pflückt die flauschig gelbe Blüte einer Butterblume. Die Blüte füllt seine Hand fast vollständig aus. Er schließt die Hand, öffnet sie wieder und schließt sie erneut. Sicher fühlt es sich schön an, die weiche Blüte so zu umschließen.

Ich locke ihn zurück auf den Weg und wir gehen weiter. Ein Greis kommt uns entgegen, er geht gebückt. Felix grüßt ihn vergnügt, obwohl wir ihn nicht kennen. Der alte Mann bleibt stehen und gibt meinem Dreijährigen die Hand, er hält sie lange, die kleine Kinderhand, und ich ahne, welche Freude es ihm macht. Die beiden lächeln sich an.

Später kommt uns eine Frau mit Hund entgegen und Felix sagt wie selbstverständlich: „Ich möchte auch mal ein Hund sein." Für ihn ist alles möglich. Die Verwandlung in einen Hund ist eine Kleinigkeit. Ich frage mich, was er daran attraktiv findet, wie dieser Hund von der Frau an der Leine geführt zu werden.

Aber mir gefällt seine Sicht auf das Leben: Felix hat nicht vergessen, wie spannend es ist, über diese Erde zu wandern und sie, die Erde, im Wandern zu sehen und zu erkunden. Wir Erwachsenen sind damit beschäftigt, zusammenzuhalten, was wir angehäuft haben, wir sind Bewahrer geworden, misstrauische Hüter sperriger Dinge, die uns die Taschen schwer machen. Felix ist von keinem Besitzstand beschwert, anscheinend möchte er das auch nicht sein, er sagt bemerkenswerterweise nicht, dass er einen Hund haben will, sondern er möchte einer sein. Felix hat kein Ansehen, das nicht beschädigt werden darf, keine Stellung, die zu verteidigen wäre. Felix ist Entdecker. Er hat Flügel, und er wandert und fliegt, wie es ihm gerade passt, immer dorthin, wo seine Seele gefüttert wird, und blickt mit staunender Neugier auf diese Welt.

Titus Müller

Ein Tag unter vielen

UNSER ERSTER BLICK rückwärts, in eine nun schon so sehr fern liegende Kindheit, gleicht dem in eine von wallenden Nebeln zart verhüllte Landschaft. Zunächst erscheint alles noch ganz undeutlich, mit verwaschenen, verschwommenen Konturen, und was sich hinter den da und dort schattenhaft sich andeutenden Dingen und Gestalten in Wahrheit verbirgt, erschließt sich kaum unserer Ahnung, geschweige denn unserem Wissen. Mählich aber, während die aufsteigende Sonne das ziehende Gewölk spaltet und auflöst und vertreibt, verflüchtigt sich der feuchte Schleier. Und wie hier bald eine Hügelkuppe oder der dunkle Rand eines Waldes, ein stilles, sanftes Tal oder eines Baches silberner Lauf sichtbar werden, so hebt dort die Erinnerung bald den, bald jenen Vorgang heraus aus der strömenden Fülle unserer gelebten Tage und stellt ihn, langsam immer deutlicher werdend, vor unsere Augen. An ihn klammern wir Blick und Seele. Solche einzelnen Geschehnisse und Erlebnisse, solche nie ganz vergessenen Tage oder Stunden sind wie die Meilensteine längs des Weges, den wir gewandert sind. Machtvoll rufen sie uns unser eigenes kindliches Ich zurück. „Jener Knabe dort", so spricht erschauernd unser Herz, und eine seltsame Kühle weht uns dabei an, „der war ich! Und jenes Kind, das war ich auch! Wie wunderlich das ist. Wie unbegreiflich habe ich mich verändert, da aus dem Kind langsam ein Mann geworden ist, dem Grab so unendlich viel näher als seiner Wiege und seinen ersten, frühen Träumen ...“

Haben wir uns wirklich verändert? Ist man wirklich ein anderer geworden? Ach ja, wir müssen es wohl glauben. Doch gibt es da, zwischen dem Ich von einst und dem Ich von heute, einen Zusammenhang, eine verbindende Brücke, die keine noch so lang währende

Zeit und keine rollenden Jahre zerstören können. Mancher mag nun denken: Wir, die wir jetzt in der Mitte unseres Lebens stehen oder sie gar schon überschritten haben, wir sehen die Dinge eben nur anders, und deshalb scheinen wir uns selbst anders zu sein. Je näher wir dem Tod sind als dem unvermeidbaren Abschluss alles Seins, desto mehr wandelt sich in uns das Bild des Lebens und das unseres eigenen Ichs. Aber ich glaube das nicht. Ich glaube, dass es in Wahrheit überhaupt keine Vergangenheit gibt, weil alles einmal Gewesene noch im Gegenwärtigen ganz lebendig ist.

Und deshalb lebt noch heute in mir das Kind, der Knabe, der ich einmal gewesen bin. Und in jenem Knaben lebte schon ganz der Mann, der ich später einmal wurde... Wir wohnten damals in der sogenannten Niederstadt, dort, wo sich die sanft schwingende, fruchtbare Ebene der Danziger Niederung bis dicht an das Weichbild der Stadt heranschiebt. Dort stieß man auf Schritt und Tritt noch auf die unübersehbaren Merkmale einer alten, starken, viel gefährdeten und entsprechend gut gesicherten Festung. Wälle gab es dort noch und Bastionen mit seltsam klingenden Namen – Bastion Aussprung, Bastion Einhorn, Bastion Kessel, Bastion Maidloch und wie sie alle hießen – nordwärts und westwärts waren sie um diese Zeit gerade niedergelegt worden, hatten sie dem Ausdehnungsdrang einer ständig wachsenden Bevölkerung weichen müssen.

Meinem Vater mochte es lieb sein und angenehm auch, hier zu wohnen. Denn dadurch hatte er seine Arbeitsstätte, die damalige Königliche Gewehrfabrik, ganz in seiner Nähe. Und oft bin ich, ein bisschen ehrfürchtig, aber ein bisschen stolz wohl auch, an deren mächtigen Portalen vorbeigegangen, habe zu den beiden erzenen Adlern mit den goldenen Kronen aufgeschaut, die die Pfeiler am Haupteingang zierten, und habe an meinen Vater gedacht, der hinter diesen starken, mächtigen und hohen Mauern werkte und arbeitete.

Manchmal musste ich eine Bestellung ausrichten, dann nahm mich der Portier in Empfang, unter seinen mahnenden Blicken durfte ich an den bunt blühenden Beeten, an dem sorglich eingezäunten, grünschwellenden und gepflegten, saftigen Rasen entlangwandern, die den Vorplatz des Direktionsgebäudes schmückten, bis man den „Meister mit dem großen Hut" geholt hatte. Ja, so nannte man meinen Vater bei seinen Kollegen und unter seinen Arbeitern, weil er zeitlebens immer eine bestimmte Art von Hüten trug, einen

Kalabreser, wie er selbst sie nannte. Es waren dunkelblaue oder fast schwarze, breitrandige Schlapphüte aus feinstem Filz, deren Beschaffung oft erhebliche Schwierigkeiten machte. Er hielt mit verbissener Zähigkeit an ihnen fest wie an vielen anderen Eigenarten seiner Kleidung. Nie sah man ihn mit einem hohen Stehkragen, und Schnürschuhe verachtete er gründlich. Er hatte als Soldat während seiner Dienstzeit Gummizugstiefel getragen, sie hatten ihm sehr zugesagt, und so trug er sie auch späterhin bis an sein Ende. Doch entsprang diese Beharrlichkeit nicht etwa irgendeiner Sucht nach Originalität, sondern sie lag in seinem Charakter begründet, der ihn zwang, sich das, was er einmal als richtig und zweckmäßig und kleidsam erkannt hatte, für immer zu eigen zu machen.

Hier, in der Niederstadt also, wuchs ich auf. Und wohl den Kindern, die hier wohnen, die hier leben und spielen durften. Hier gab es, im Gegensatz zur Rechtstadt und Altstadt mit ihren oft schmalen, krummen, winkligen und lichtlosen Gassen und Gässchen, breite Straßen mit doppelten Baumreihen in der Mitte und Rasenstreifen, die von niedrigen Eisengeländern umsäumt waren. Sandhaufen lagen überall herum, von denen wir annahmen, sie seien besonders für uns Kinder angefahren worden. Da konnte man Burgen bauen und Festungen, man konnte seine Bleisoldaten sozusagen in natürlichem Gelände ihre Schlachten schlagen und ihre Märsche ausführen lassen – das war wahrlich etwas anderes, als wenn sie auf der blanken, glatten Tischplatte exerzieren mussten. Am Ende der Sperlingsgasse aber stand, mitten auf der Straße, ein Schuppen, schwarz geteert – noch heute kenne ich den Namen des Kaufmanns, dem er gehörte, Harder hieß er – und in diesem Schuppen standen und lagen allerhand geheimnisvolle Werkzeuge und Geräte, die der Besitzer darin abgestellt hatte. Manchmal gelang es, durch ein Astloch einen scheuen Blick auf all die Herrlichkeiten zu werfen. Einige besonders heldenhafte Jungen unter meinen Spielgefährten wagten sogar zuweilen bei sinkender Dunkelheit, mithilfe eines benachbarten Baumes auf das schadhafte Dach des Schuppens zu klettern. Wenn sie heil und gesund wieder auf der Erde standen, ergingen sie sich regelmäßig in seltsamen Andeutungen – was sie wirklich gesehen hatten, hat freilich nie jemand richtig erzählt, und ich glaubte schon damals, dass sie nur deshalb so erstaunlich verschwiegen waren, weil sie die soeben erlebte herbe Enttäuschung nicht verraten wollten.

SOLCHE EINZELNEN GESCHEHNISSE UND
ERLEBNISSE, SOLCHE NIE GANZ VERGESSENEN TAGE
ODER STUNDEN SIND WIE DIE MEILENSTEINE LÄNGS
DES WEGES, DEN WIR GEWANDERT SIND.

SANDHAUFEN LAGEN ÜBERALL HERUM,

VON DENEN WIR ANNAHMEN,

SIE SEIEN BESONDERS FÜR UNS KINDER

ANGEFAHREN WORDEN.

Aber dies alles war natürlich nicht das Wichtigste und Schönste. Das Schönste waren – darüber bestand für mich niemals auch nur der geringste Zweifel – die Wälle, von uralten Kopfweiden begleitet und umsäumt, grünsamten im Sommer und von vielen bunten Blumen, dem knallgelben Hahnenfuß, dem zartlila Wiesenschaumkraut, dem Löwenzahn, dem bescheidenen Tausendschönchen und anderen, deren Namen ich nicht kannte, überwuchert. Das Schönste war das Wasser, der alte Stadtgraben, der an der Außenseite der Wälle entlanglief – aber nein, nicht lief, sondern geruhsam wie ein alter Mann dahinschlich, so behäbig, so aller Eile bar, als habe er unendlich viel Zeit. Hier gab es Binsen am Uferrand und Schilf und die stolzen, kühlen Schwertlilien, da brannte golden fast die große fünfblättrige Blüte der Sumpfdotterblume, die immer so schnell welkte, kaum dass man sie abgerissen hatte. Und Frösche gab es in Mengen, im Frühling füllten die gallertartigen Massen ihres Laiches jeden halbwegs geschützten Winkel; wenig später wimmelten dann die Kaulquappen überall herum, man konnte sie fangen, mühelos beinahe, und im Einmachglas nach Hause bringen, wo sie dann ihre herrlichen, beneidenswerten Schwimmkünste zeigten.

Eine Brücke führte über den Stadtgraben zu einer kleinen Siedlung, zu einem Dörfchen, das damals noch außerhalb der eigentlichen Stadt lag. Groß-Walddorf hieß es, und erst sehr viel später habe ich erfahren, dass es gar nicht weit davon entfernt auch ein Klein-Walddorf gab. Auf dieser Brücke standen sommers tagaus, tagein Männer mit verwegenen Mützen; barfuß standen oder hockten sie am Brückenrand, mit aufgekrempelten Hosen. Sie angelten. Ich habe nie, wirklich niemals gesehen, dass einer von diesen Männern je etwas anderes aus dem Wasser herausfischte als seinen eigenen Köder. Möglich, dass ich nur Pech hatte, dass sie die dicksten, schwersten, silberglänzenden Fische an ihrer Angel hatten, mit ihnen ihre Körbe und Blecheimer füllten, kaum dass ich ihnen den Rücken gekehrt hatte. Aber vielleicht – ja, dies erschien mir schon damals als das Wahrscheinlichere – standen diese Mützenmänner überhaupt gar nicht der Fische wegen da; war ihnen das Angeln längst zu einer Art Selbstzweck geworden.

Herrlich sinnlos lebten sie so dahin, von der lauen Luft umspielt, von der wärmenden Sonne überflutet, so wie Lilien auf dem Feld lebten sie, fern allen Gedanken über die Nützlichkeit und Zweckmäßigkeit ihres Tuns und Daseins. Vielleicht waren sie arbeitslos.

Aber sie waren es in einer Zeit, als Arbeitslosigkeit offenbar noch kein schwerer Schicksalsschlag war, und sie sahen nicht so aus, als ob sie mit ihrer Art der Lebensführung irgendwie nicht einverstanden wären. Ich habe sie oft beneidet, vor allem morgens, wenn ich ihnen, die oft schon früh dem gewohnten Angelplatz zustrebten, auf meinem Schulweg begegnete. Später lernte ich dann noch ihre Kameraden von der anderen Fakultät kennen, die sogenannten Mottlauspucker, die sich längs der Langenbrücke, am Binnenhafen, aufbauten. Dort gab es nichts zu angeln, der lebhafte Verkehr mit Dampfern und Oderkähnen, mit Pinassen und Booten und Frachtern und all dem, verbot diesen Sport von selbst. Aber sie lehnten, stundenlang, an dem Geländer oberhalb der Gordungswände und Ufermauern, schauten auf den Fluss hinab und auf alles, was sich dort abspielte, spuckten auch ab und an in das dunkle, ölige, immer nach Teer und Fett und faulendem Holz riechende Wasser und tauschten, in langen Zwischenräumen, ihre Beobachtungen miteinander aus. Aus ihrem Kreis schuf sich der Volksmund die beiden Figuren Bollermann und Welutzki, denen Hunderte lustige, bissige und humorige Geschichten in den Mund gelegt wurden.

Noch etwas anderes gab es auf dem Wasser, auf jenem Stadtgraben, der zu dem nahen Bereich unserer kindlichen Spiele gehörte: Holzflöße, Traften, die von weither kamen, aus uns Jungens noch ganz unvorstellbaren Fernen. Aus Thorn wohl oder mindestens aus Kulm, vielleicht aber gar – wer mochte das wissen? – aus Russisch-Polen. Sie waren die Weichsel stromab geschwommen, sie waren in die Mottlau geraten, und nun lagen sie hier, auf einem Abstellgleis sozusagen, sorgsam vertäut und festgemacht, und warteten darauf, auseinandergenommen und auf Schiffe verladen zu werden. Auf Schiffe, die nach England fuhren, nach Holland, nach Belgien und Gott weiß wohin.

Auf diesen Flößen haben wir Kinder gern gespielt. Leise schwankten die Stämme unter unseren Füßen, das war schön und erregend zugleich, sanft klatschte das Wasser an den Rand der Flöße, kühl war es hier, auch dann noch, wenn die Sonne an Land unbarmherzig brannte, und dem bemoosten Holz entstieg ein Duft, der an ferne, tiefe und märchendunkle Wälder denken ließ.

Auch an jenem einen Tag unter vielen, von dem ich hier erzählen will, fand ich mich mit meinen Kameraden hier ein, um zu spielen.

Wieder tobten wir, wie so oft schon, über die glitschigen Balken. Da löste sich plötzlich eines der hänfenen Taue, mit denen die Stämme verbunden waren, ein einziges nur – aber gerade unter meinen Füßen entstand eine Öffnung, ein Loch, aus dem dunkles, fast schwärzlich schimmerndes Wasser mich kühl und drohend anwehte. Und ehe ich noch mit einem kühnen Sprung mich ans bergende Land retten, ehe ich auch nur einen Hilferuf ausstoßen konnte, hatte dieses Dunkle, Nasse und Drohende mich verschlungen. Vielleicht hätte ich, obwohl ich noch kein Schwimmer war, mit ein paar instinktiven, zappelnden Stößen und Armbewegungen das nahe Ufer erreichen können. Aber ich vermochte nicht hochzutauchen, ich stieß immer wieder von unten her gegen die Stämme des Floßes, die sich inzwischen wieder zusammengefügt und aneinandergeschoben hatten. Und so hätte ich wohl sterben müssen, von Rechts wegen.

Dass es nicht geschah, verdankte ich einzig und allein einem Holzknecht, der vom Land aus, ohne dass wir es bemerkt hatten, unser Spiel beobachtet hatte. Er zog mich unter dem Holz hervor, für ihn bedeutete das nichts, sehr böse sah er aus, aber er brummte doch nur wie ein großer, dickpelziger Bär, als er mich ans Land brachte.

Da saß ich denn ... mein Spielkamerad war längst über alle Berge, vielleicht weil er es plötzlich mit der Angst zu tun bekommen hatte, vielleicht – zu seiner Ehre will ich es annehmen – weil er Hilfe holen wollte. Der Knecht war auch fortgegangen, nach einigen polternden Ermahnungen, aber er brauchte keine Sorge zu haben meinetwegen, ich hatte meine Lehre weg und würde mich für mindestens acht Tage gründlich vorsehen. Ich saß da, in meinen nassen Kleidern, frierend und unglücklich und ganz bedeckt mit einem grünlich-bräunlichen Pflanzenzeug, wie ein wahrhaftiger Nock oder Wassermann. Ich hätte wohl nach Hause gehen sollen – es war ja nicht weit –, um andere, trockene Kleider anzuziehen. Stattdessen hockte ich hier, nur von dem einen, brennenden Wunsch beseelt, erst mal trocken zu werden, mich zu säubern und niemanden merken zu lassen, was mir zugestoßen war. [...]

Als ich dann, nach geraumer Zeit, zitternd noch und mit blauen Lippen, denn mir war immer noch arg kalt, aufstand und heimging, konnte mir kaum jemand etwas anmerken. Denn die paar Sachen, die ein Junge im Sommer am Leib trägt, die waren fast wieder wie

UND DANN... JA, DANN
WURDE ES WIDER ERWARTEN
NOCH EIN SEHR SCHÖNER, EIN
WUNDERVOLLER ABEND.

vorher, und das grünliche Zeug hatte sich, erst einmal trocken geworden, fast mühelos abklopfen lassen.

Und dann ... ja, dann wurde es wider Erwarten noch ein sehr schöner, ein wundervoller Abend. Ich hatte kaum den letzten Bissen unseres bescheidenen Abendbrotes in den Mund geschoben, als mein Vater, mit seiner tiefen, dunklen Stimme – die nur, wenn er böse war, sich zu einem wahren Donnergrollen steigern konnte – zu mir sagte: „Komm mit!"

Ich blickte ihn über den Tisch hin erschrocken an. Was wollte er von mir? Was hatte er mit mir vor? War ihm mein Abenteuer von vorhin doch etwa zu Ohren gekommen? Kannte vielleicht jener Mann, der mich unter dem Holz hervorgezogen hatte, meinen Vater und hatte ihm alles erzählt?

Aber das Gesicht meines Vaters war unbewegt und gar nicht zornig. Ja, als ich ihn eine kurze Zeit lang unentwegt anstarrte, schien es mir beinahe, als glitte der Schatten eines leichten Lächelns über seine schmalen Lippen. Sehr beruhigt erhob ich mich. Er griff nach seinem großen Schlapphut, setzte ihn auf, und gemeinsam tappten wir die schmale Wendeltreppe hinab.

Draußen auf der Straße war es schon dämmerig, aber noch sehr warm, fast schwül. Mit seinen ruhigen Schritten – er zitierte gern, obwohl er kein Humanist war, die irgendwo einmal gelesene Geschichte von der unanständigen Eile des Gerbers Kleon aus Athen und hielt nichts von Menschen, die sich immer hetzten – ging mein Vater dahin; ich hielt mich dicht an seiner Seite, und zuweilen schaute ich zu ihm empor. Ja, zu ihm empor, denn damals erschien er mir riesengroß. Später wuchs ich ihm wohl über den Kopf, aber ich denke, dass er, obwohl nur von guter Mittelgröße, jedem ungewöhnlich groß erschienen sein muss, weil er sich stets so aufrecht und kerzengrade hielt. Ein Mann, der vieles konnte, der vieles verstand, nur eben eines nicht, den Rücken zu beugen, den Rücken krumm zu machen.

Wir wanderten ziemlich lange schweigend dahin. Manchmal dachte ich: Wird er denn gar nicht sprechen? Aber er blieb beharrlich weiter stumm; seine Zeit zu reden war eben noch nicht gekommen.

Jetzt waren wir auf den Wällen, wir näherten uns der Brücke und damit eben jenen Flößen, auf denen ich am Nachmittag gespielt hatte. Wieder meldete sich in mir eine leise Unruhe. Aber da blieb mein

Vater vor einer alten, halb vermorschten Weide plötzlich stehen und sagte dann ganz still: „Sieh dir das an…" Ich sah einige Schmetterlinge, Nachtfalter und Schwärmer, die im taumelnden Flug um den Baum herumschwirrten. Einer ließ sich plötzlich auf der rissigen Borke des Baumstammes nieder, faltete die Flügel zusammen. Ruhig, mit einer Sicherheit, die ich bewundern musste, griff ihn mein Vater, sehr vorsichtig, die Flügel zart zusammendrängend, sodass der Schmetterling sich nicht bewegen konnte, nur seine Fühler gingen unruhig auf und ab. Mein Vater zeigte mir den drollig dick bepelzten Leib des Falters, er erzählte mir, wie er heiße – ich habe den Namen längst vergessen – und wie er lebe, denn er sammelte Schmetterlinge und Käfer, wie andere Menschen Briefmarken sammeln, und wusste über Namen und Art und alle Lebensgewohnheiten dieser zartgeflügelten Gesellen gut Bescheid. „Wie schön", sagte er dann, „dass wir so etwas haben, dass wir es sehen und bewundern dürfen, fast inmitten der Stadt." Und dann ließ er den Falter sehr vorsichtig wieder fliegen, der nun schnell in der pfauenblauen Dämmerung verschwand.

Wir gingen über die Brücke, die jetzt völlig menschenleer war, wo sich kein einziger Angler sehen ließ, und als wir auf der anderen Seite des Wassers waren, blieben wir stehen, drehten uns um und sahen die Silhouette der Stadt, da und dort vom Schimmer der Straßenlaternen überhellt, weit gedehnt und bedeutend vor uns liegen.

„Von den Sternen weißt du wohl noch nicht viel, nicht wahr?", fragte mein Vater, während wir langsam den Weg zurückschlenderten, den wir eben gekommen waren. Und ich antwortete, etwas beschämt: „Nein", und schaute zugleich zum Himmel empor, dessen samtene Kuppel nun bereits ihre ersten Lichter angesteckt hatte. Da erzählte er mir von den Sternen; er wies mir den Polarstern und den Großen Bären und so manches andere Sternbild, das leicht auffindbar und eben so leicht zu erkennen war. Mein Vater sprach jetzt ununterbrochen, ruhig und überzeugend, aber ohne je ins Lehrhafte zu verfallen. Er erzählte gewiss alles, was er von den Sternen wusste, von dem gestirnten Firmament, das sich ebenso feierlich über uns wölbte, und vielleicht war es gar nicht so viel. Mir freilich, mir wollte es erscheinen, als könne es keinen Menschen auf Gottes Erdboden geben, der so viel wusste über diese unsagbar fernen Welten. Aufgeregt, fast gierig lauschte ich – es war wie ein Märchen. Nein, es war schöner, als das schönste Märchen es sein könnte. Ich hörte von den

Planeten, von den Wundern der Milchstraße, vom Ring des Saturn, von den Kanälen des Mars, und mit einem Mal sagte mein Vater – und vielleicht lächelte er dabei, nur dass ich dieses Lächeln in der zunehmenden Dunkelheit nicht sehen konnte –: „Manchmal kommt es mir vor, als wären wir alle ganz klein, ganz winzig. Und sicher bedeuten wir für das unermessliche All nicht mehr, als die kleinen Urtierchen im Wassertropfen für den Ozean bedeuten. Ja, wir sollten doch wohl weniger laut, wir sollten auch weniger stolz sein, wir sollten vor dem Himmel so etwas wie Demut lernen. Aber das ...“ – und nun lächelte er, denke ich mir, fast verlegen – „das alles verstehst du ja wohl noch nicht.“

Natürlich, er hatte schon recht, ich begriff den Sinn seiner Worte nur halb. Aber ein anderes hat diese Unterhaltung zur Folge gehabt: dass ich späterhin nie mehr in nächtlicher Dunkelheit zu dem Sternenhimmel emporschauen konnte, ohne an jene Wanderung zu denken und jenen ersten kleinen Blick in die Geheimnisse des Alls...

Nun waren wir wieder in unserer vertrauten Straße, und plötzlich, als ich schon glaubte, wir würden jetzt heimgehen, verschwand mein Vater mit den Worten „Na, warte mal ein bisschen!“ in einer Kellerwirtschaft, einer kleinen, gemütlichen Kneipe, die er gelegentlich, in langen Zwischenräumen, aufzusuchen pflegte. Dort wurden auch allerlei bescheidene Süßigkeiten und Leckereien feilgeboten, und da ich nicht annehmen konnte, mein Vater würde sich an einem der weiß gescheuerten Tische niederlassen und einen Krug von dem süßen Putziger Bier trinken, während ich oben seiner harren musste, so sah ich seiner Rückkehr erwartungsvoll entgegen.

Er war auch sehr bald wieder oben. „Mit leeren Händen“, stellte ich ernüchtert und leicht enttäuscht fest. Aber dann sah ich im Schein der nächsten Straßenlaterne, wie sich seine Rocktasche so komisch bauschte, und das beruhigte mich sehr.

Mein Vater schritt ruhig weiter, und ich hütete mich sehr, ihn zu fragen oder gar Neugier merken zu lassen. Es hätte zu nichts geführt, und ich wusste ja, dass er es liebte, unsere Geduld auf die Probe zu stellen, uns dadurch zur Selbstbeherrschung zu erziehen. Also hieß es warten, und ich tat es unter Aufwand aller mir zur Verfügung stehenden kindlichen Willenskraft. Das war nicht gerade viel, und mein Vater mochte es mir anmerken. Denn als wir eine Weile gegangen waren, schien es ihm genug zu sein. Er holte zwei stattliche

ICH SAH EINIGE SCHMETTERLINGE,

NACHTFALTER UND SCHWÄRMER,

DIE IM TAUMELNDEN FLUG UM

DEN BAUM HERUMSCHWIRRTEN.

Tüten aus der Rocktasche heraus, öffnete sie und ließ mich hineingreifen. In der einen waren Malzbonbons, die ich damals, auch ohne Husten zu haben, besonders schätzte, in der anderen sogenanntes Studentenfutter, worunter wir eine köstliche Mischung aus Korinthen, süßen Mandeln, Haselnüssen, Walnusskernen und kleinen Stücken indischen Rohrzuckers – den es damals noch gab und der inzwischen völlig vom Markt verschwunden war – verstanden.

Ich befand mich in einem ziemlichen Dilemma. Nahm ich viel, so lief ich Gefahr, als gierig und unbescheiden von meinem Vater gescholten zu werden, als ein Junge, der kein Vertrauen verdient, weil er es sofort missbraucht. Nahm ich wenig, so mochte es aussehen, als mache ich mir nicht allzu viel aus dem süßen Zeug, und es war dies nun wieder eine bedenkliche Schädigung meiner zukünftigen Aussichten. Trotzdem entschloss ich mich, den Bescheidenen zu spielen, und siehe, es war recht getan. Denn mein Vater, der meinen spärlichen Beutezug beobachtet hatte, lächelte gutmütig und meinte: „Na, greif noch mal hinein…" Ich ließ mich natürlich nicht zweimal bitten, aber ich war trotzdem ein bisschen verwirrt. Der Nachmittag mit dem feuchten Abschluss fiel mir ein, und ich dachte: „Womit habe ich das verdient?", und hatte so etwas wie ein schlechtes Gewissen.

Die Tüten verschwanden nun wieder in der Rocktasche. Und während wir nun gemächlich weitergingen, ergriff mein Vater meine Linke. Oh, wie klein meine Kinderhand in seiner mächtigen Pranke lag! Es war ein seltsames Gefühl für mich, so dahinzugehen, meine Hand in der seinen, doppelt seltsam, weil er uns und vor allem mich nie mit Zärtlichkeiten verwöhnt hatte. Etwas sträubte sich ein wenig in mir, weil ich doch glaubte, gar so klein nicht mehr zu sein, weil es mir ein wenig unwürdig vorkam… so mochte man Drei- oder Vierjährige an der Hand führen. Aber es war auch wieder schön und beruhigend, ja es schien mir, als ströme etwas von der Kraft, der Ruhe und vollkommenen Sicherheit des Vaters nun in mich hinüber.

Wir hatten jetzt längst die Straßenzüge, in denen ich heimisch war, die ich kannte wie den bunten Inhalt meiner Hosentasche – in der sich Bindfadenstückchen und rostige Nägel, Murmeln und ein stark beschädigtes Taschenmesser ein fragwürdiges Stelldichein gaben – hinter uns gelassen. Sperlingsgasse und Weidengasse, Straußgasse, Hirschgasse und Große Schwalbengasse und wie die Straßen auch alle heißen mochten, lagen hinter uns, irgendwo im Wesenlosen.

Wir bogen bei Langgarten nach links ab, wir überquerten Matten-buden und gingen über die Brücke, die über die Neue Mottlau führ-te. Einen Augenblick lehnten wir am Brückengeländer, ich sah auf die Schiffe hinab, die vor der Schäferei festgemacht hatten, und auf die breit ausladenden Oderkähne, die ihre Positionslaternen ausge-setzt hatten. Das Licht der Straßenlaternen spiegelte sich in dem schwärzlichen Wasser, ab und zu klang ein Ruf, ein Schrei von den Schiffen herauf, ein Lachen oder ein Scheltwort, ein Fluch manch-mal auch, den ich nicht richtig verstand.

Mein Vater schritt in tiefe Gedanken versunken dahin; und in der langen, nur dürftig erhellten Milchkannengasse war es doppelt schön, so geborgen an seiner Seite gehen zu dürfen. Mit einem Mal schien es ihm einzufallen, dass er nicht allein war. „Und wie ist's in der Schule?", fragte er übergangslos. „Hat euer Fräulein Liß noch immer ihr langes grünes Notizbuch?"

„Ja", nickte ich eifrig, „sie sitzt immer noch damit auf dem Kathe-der während der Stunde, und manchmal schaut sie hinein, um fest-zustellen, wen sie lange nicht abgefragt hat. Heute kam Hinckeldey dran, und er hat wieder nichts gewusst. Da wurde sie sehr böse."

[...]

„Mit dem Schreiben", sagte mein Vater dann, und ich wusste, dass das kommen würde – ach, wie genau ich es wusste, immer, wenn je die Rede auf die Schule kam, fing er mit dem Schreiben an, vielleicht weil er selbst so sauber, so schwungvoll schrieb, dass es wie gestochen wirkte – „mit dem Schreiben wirst du dir noch viel Mühe geben müssen. Eine gute Handschrift ist die beste Empfehlung spä-terhin im Leben."

„Ja", nickte ich bekümmert und ganz ohne Hoffnung. Ach, ich habe ihm diese Freude, mir eine gute Handschrift anzueignen, nie bereiten können, und vielleicht war er späterhin noch oft erstaunt und überrascht, dass ich trotzdem im Leben nicht Schiffbruch litt. Dass ich sogar erfolgreich schrieb, ohne je schön schreiben zu kön-nen. Ja, es mag sein, dass es sein Weltbild einigermaßen in Unord-nung gebracht hat, weil so etwas überhaupt möglich war. Viele, viele Jahre, ja Jahrzehnte später, als ich schon selbst ein ausgewachsener Mann war mit Frau und Kindern, fing er einmal, während wir ge-meinsame Erinnerungen austauschten, wieder davon an. „Du hast eben Glück gehabt", sagte er da, „weil gerade rechtzeitig für dich die

„WIE SCHÖN", SAGTE ER DANN,
„DASS WIR SO ETWAS HABEN,
DASS WIR ES SEHEN UND
BEWUNDERN DÜRFEN, FAST
INMITTEN DER STADT."

Schreibmaschine erfunden wurde. Aber ich fürchte, sie wird bewirken, dass die Menschen bald völlig das Schreiben verlernen." ...

Wieder eine Brücke – die Grüne Brücke jetzt, die über die Alte Mottlau führte. Ich habe freilich nie weder an ihr noch an dem dazugehörigen Grünen Tor irgendetwas Grünes erblicken können. Das war nun ein anderes Bild, hier war der eigentliche Binnenhafen Danzigs, hier lagen am rechtseitigen Ufer die großen Frachter, die von Schweden kamen und von Dänemark, über die Nordsee und von jenseits des Atlantiks. In langer Kette, einer hinter dem anderen, lagen sie vor den alten, mächtigen und spitzgiebeligen Speichern. Sie hatten Erze gebracht und Kohlen, Kaffee und Öl und wertvolle Stückgüter, und sie würden wenige Tage später mit Korn und Fellen, mit Holz und mit Zucker in See gehen.

Jetzt waren wir auf der Langen Brücke. Es roch nach Öl und Teer, nach dem Rauch, der dünn den Schornsteinen der auf dieser Seite festgemachten kleinen Dampfer entstieg, es roch auch nach Obst und Gemüse, das unten, am Fischmarkt, tagsüber aus den Kähnen heraus verkauft wurde.

Wir bogen dann in die Frauengasse ein – diese Beischläge vor den Häusern kannten wir bei uns in der Niederstadt nicht, fremd und gespenstisch sahen sie aus im Schimmer des blassen Mondes, mit ihren mächtigen Granitkugeln, ihren den Rachen aufreißenden Löwen und Delfinen und merkwürdigen Fabeltieren. Doch hatte ich nicht Zeit, sie eingehender zu betrachten, denn plötzlich standen wir vor der Marienkirche.

Wir gingen ganz um sie herum bis zur Nordseite. Eben war es noch ganz windstill gewesen, jetzt aber tat sich ein Wirbelwind auf, hörbar harfte er über das Mauerwerk hinweg und raschelte im Laub der nahen Bäume. „Schau auf!", befahl mein Vater. Ich tat, was er mich hieß, und ich musste den Kopf ganz weit in den Nacken zurückbiegen, um das stumpfe Ende des gewaltigen Turmes, der sich irgendwo oben im nächtlichen Firmament verlor, mehr zu erahnen, als richtig zu sehen. Mein Blick kletterte an den ungeheuren Strebepfeilern, an den senkrechten Fluchten dieser Backsteinmauern empor, und obwohl ich fest auf der Erde stand, ergriff mich ein leises Gefühl des Schwindels. Zum ersten Mal wohl in meinem Leben ahnte ich dumpf und dunkel, was in dem Begriff „erhaben" umschlossen liegt, und ein Schauer, ein kühler Schauer ging mir über den Rücken.

Mein Vater mühte sich, den Eindruck, den dieser Anblick bei mir hervorrief, von meinem Gesicht abzulesen. Er musste wohl zufrieden sein.

„Ich möchte, dass du diesen Blick niemals vergisst", meinte er. „Jahrzehnte – nein, was sage ich, Jahrhunderte haben an diesem Dom gebaut. Alles Große bedarf einer langen Zeit, um zu werden, um zu entstehen. Und ich denke, wer, wie du, in dieser Stadt geboren ist, der kann, und würde er hundert Jahre alt, nicht aufhören, dieses Bild zu lieben."

Dann mochte ihm plötzlich einfallen, dass ich doch noch ein kleiner Junge war, dass ich nicht alles begreifen und verstehen konnte, was er sagte.

„Wir wollen nun nach Hause gehen", schlug er vor, plötzlich ein bisschen ernüchtert, und er ließ meine Hand los. Aber nach ein paar Schritten fasste er sie doch wieder, und es ist dieser Abend das einzige Mal gewesen, daran ich mich entsinne, wo wir beide Hand in Hand nebeneinander hergingen. Wir sind dann später zuweilen sehr auseinandergekommen, und es mussten viele, viele Jahre vergehen, ehe wir beide wieder den Wunsch hatten, unsere Hände für länger als nur einen flüchtigen Gruß ineinanderzulegen…

Als wir wieder die Wohnung betraten, kam meine Mutter uns aufgeregt entgegen. „Wo wart ihr nur all die Zeit?", sagte sie, und ihre Augen umfingen mich, als wäre ich der verlorene Sohn, der endlich wieder, nach Jahren, die heimatliche Scholle überschreitet.

„Wo sollen wir gewesen sein?", gab mein Vater zurück. „Wir wanderten durch die Stadt, ich musste noch ein bisschen Luft schnappen, mit meinem Herzen ist wieder mal was nicht ganz in Ordnung. War es wenigstens schön?", wandte er sich dann an mich, mit einem Lächeln, als hätten wir miteinander ein Geheimnis.

„Sehr schön!", nickte ich begeistert und gähnte gleichzeitig herzhaft, denn ich war rechtschaffen müde. […]

Wolfgang Federau

Schön ist die Jugend

SOGAR MEIN ONKEL Matthäus hatte auf seine Art eine Freude daran, mich wiederzusehen. Wenn ein junger Mann ein paar Jahre lang in der Fremde gewesen ist und kommt dann eines Tages wieder und ist etwas Anständiges geworden, dann lächeln auch die vorsichtigsten Verwandten und schütteln ihm erfreut die Hand.

Der kleine braune Koffer, in dem ich meine Habe trug, war noch ganz neu, mit gutem Schloss und glänzenden Riemen. Er enthielt zwei saubere Anzüge, Wäsche genug, ein neues Paar Stiefel, einige Bücher und Fotografien, zwei schöne Tabakspfeifen und eine Taschenpistole. Außerdem brachte ich meinen Geigenkasten und einen Rucksack voll Kleinigkeiten mit, zwei Hüte, einen Stock und einen Schirm, einen leichten Mantel und ein Paar Gummischuhe, alles neu und solid, und überdies trug ich in der Brusttasche vernäht über zweihundert Mark Erspartes und einen Brief, in dem mir auf den Herbst eine gute Stelle im Ausland zugesagt war. An alledem hatte ich stattlich zu tragen und kehrte nun mit dieser Ausrüstung nach längerer Wanderzeit als ein Herr in meine Heimat zurück, die ich als schüchternes Sorgenkind verlassen hatte.

Vorsichtig langsam fuhr der Zug in großen Windungen den Hügel abwärts, und mit jeder Windung wurden Häuser, Gassen, Fluss und Gärten der unten liegenden Stadt näher und deutlicher. Bald konnte ich die Dächer unterscheiden und die bekannten darunter aussuchen, bald auch schon die Fenster zählen und die Storchennester erkennen, und während aus dem Tale mir Kindheit und Knabenzeit und tausendfache köstliche Heimaterinnerung entgegenwehte, schmolz mein übermütiges Heimkehrgefühl und meine Lust, den Leuten da drunten recht zu imponieren, langsam dahin und wich einem dankbaren Erstaunen. Das Heimweh, das mich im Lauf der Jahre verlassen hatte, kam nun in der letzten Viertelstunde mächtig in mir herauf, jeder Ginsterbusch am Bahnsteig und jeder wohlbekannte Gartenzaun ward mir wunderlich teuer, und ich bat ihn um Verzeihung dafür, dass ich ihn so lang hatte vergessen und entbehren können.

Als der Zug über unserm Garten hinwegfuhr, stand im obersten Fenster des alten Hauses jemand und winkte mit einem großen Handtuch; das musste mein Vater sein. Und auf der Veranda standen meine Mutter und die Magd mit Tüchern, und aus dem obersten Schornstein floss ein leichter blauer Rauch vom Kaffeefeuer in die warme Luft und über das Städtchen hinweg. Das gehörte nun alles wieder mir, hatte auf mich gewartet und hieß mich willkommen.

Am Bahnhof lief der alte bärtige Portier mit derselben Aufregung wie früher auf und ab und drängte die Leute vom Geleise weg, und unter den Leuten sah ich meine Schwester und meinen jüngeren Bruder stehen und erwartungsvoll nach mir ausblicken. Mein Bruder hatte für mein Gepäck den kleinen Handwagen mitgebracht, der die ganzen Bubenjahre hindurch unser Stolz gewesen war. Auf den luden wir meinen Koffer und Rucksack, Fritz zog an, und ich ging mit der Schwester hinterdrein. Sie tadelte es, dass ich mir jetzt die Haare so kurz scheren lasse, fand meinen Schnurrbart hingegen hübsch und meinen neuen Koffer sehr fein. Wir lachten und sahen uns in die Augen, gaben einander von Zeit zu Zeit wieder die Hände und nickten dem Fritz zu, der mit dem Wägelchen vorausfuhr und sich öfters umdrehte. Er war so groß wie ich und stattlich breit geworden. Während er vor uns herging, fiel mir plötzlich ein, dass ich ihn als Knabe mehrmals bei Streitereien geschlagen hatte, ich sah sein Kindergesicht wieder und seine beleidigten oder traurigen Augen und fühlte etwas von derselben peinlichen Reue, die ich auch damals immer gespürt hatte, sobald der Zorn vertobt war. Nun schritt Fritz groß und erwachsen einher und hatte schon blonden Flaum ums Kinn.

Wir kamen durch die Allee von Kirschen- und Vogelbeerbäumen, am oberen Steg vorbei, an einem neuen Laufladen und vielen alten unveränderten Häusern vorüber. Dann kam die Brückenecke, und da stand wie immer meines Vaters Haus mit offenen Fenstern, durch die ich unsern Papagei pfeifen hörte, dass mir vor Erinnerung und Freude das Herz heftig schlug. Durch die kühle, dunkle Toreinfahrt und den großen steinernen Hausgang trat ich ein und eilte die Treppe hinauf, auf der mir der Vater entgegenkam. Er küsste mich, lächelte und klopfte mir auf die Schulter, dann führte er mich still an der Hand bis zur oberen Flurtüre, wo meine Mutter stand und mich in die Arme nahm.

Darauf kam die Magd Christine gelaufen und gab mir die Hand, und in der Wohnstube, wo der Kaffee bereitstand, begrüßte ich den Papagei Polly. Er kannte mich sogleich wieder, stieg vom Rand seines Käfigdaches auf meinen Finger herüber und senkte den schönen grauen Kopf, um sich streicheln zu lassen. Die Stube war frisch tapeziert, sonst war alles gleich geblieben, von den Bildern der Großeltern und dem Glasschrank bis zu der mit altmodischen Lilablumen bemalten Standuhr. Die Tassen standen auf dem gedeckten Tisch, und in der meinen stand ein kleiner Resedenstrauß, den ich herausnahm und ins Knopfloch steckte.

Mir gegenüber saß die Mutter und sah mich an und legte mir Milchwecken hin; sie ermahnte mich, über dem Reden das Essen nicht zu versäumen, und stellte doch selber eine Frage um die andere, die ich beantworten musste. Der Vater hörte schweigend zu, strich seinen grau gewordenen Bart und sah mich durch die Brillengläser freundlich prüfend an. Und während ich ohne übertriebene Bescheidenheit von meinen Erlebnissen, Taten und Erfolgen berichtete, fühlte ich wohl, dass ich das Beste von allem diesen beiden zu danken habe.

An diesem ersten Tag wollte ich gar nichts sehen als das alte Vaterhaus, für alles andere war morgen und später noch Zeit genug. So gingen wir nach dem Kaffee durch alle Stuben, durch Gänge und Kammern, und fast alles war noch wie einstmals, und einiges Neue, das ich entdeckte, kam den andern auch schon alt und selbstverständlich vor, und sie stritten, ob es nicht schon zu meinen Zeiten so gewesen sei.

In dem kleinen Garten, der zwischen Efeumauern am Bergabhange liegt, schien die Nachmittagssonne auf saubere Wege und Tropfsteineinfassungen, auf das halb volle Wasserfass und auf die prächtig farbigen Beete, dass alles lachte. Wir setzten uns auf der Veranda in bequeme Stühle; dort floss das durch die großen transparenten Blätter des Pfeifenstrauches eindringende Sonnenlicht gedämpft und warm und lichtgrün, ein paar Bienen sumsten schwer und trunken dahin und hatten ihren Weg verloren. Der Vater sprach zum Dank für meine Heimkehr mit entblößtem Haupt das Vaterunser, wir standen still und hatten die Hände gefaltet, und obwohl die ungewohnte Feierlichkeit mich ein wenig bedrückte, hörte ich doch die alten heiligen Worte mit Freude und sprach das Amen dankbar mit.

IN DEM KLEINEN GARTEN, DER
ZWISCHEN EFEUMAUERN AM BERGABHANGE
LIEGT, SCHIEN DIE NACHMITTAGSSONNE AUF
SAUBERE WEGE UND TROPFSTEINEINFASSUNGEN,
AUF DAS HALB VOLLE WASSERFASS UND
AUF DIE PRÄCHTIG FARBIGEN BEETE,
DASS ALLES LACHTE.

Dann ging Vater in seine Studierstube, und die Geschwister liefen weg, es ward ganz still, und ich saß allein mit meiner Mutter an dem Tisch. Das war ein Augenblick, auf den ich mich schon gar lang gefreut und auch gefürchtet hatte. Denn wenn auch meine Rückkehr erfreulich und willkommen war, so war doch mein Leben in den letzten Jahren nicht durchaus sauber und durchsichtig gewesen.

Nun schaute mich die Mutter mit ihren schönen, warmen Augen an und las auf meinem Gesicht und überlegte sich vielleicht, was sie sagen und wonach sie fragen sollte. Ich hielt befangen still und spielte mit meinen Fingern, auf ein Examen gefasst, das im Ganzen zwar nicht allzu unrühmlich, im Einzelnen jedoch recht beschämend ausfallen würde.

Sie sah mir eine Weile ruhig in die Augen, dann nahm sie meine Hand in ihre feinen, kleinen Hände.

„Betest du auch noch manchmal?", fragte sie leise.

„In der letzten Zeit nicht mehr", musste ich sagen, und sie blickte mich ein wenig bekümmert an.

„Du lernst es schon wieder", meinte sie dann. Und ich sagte: „Vielleicht."

Dann schwieg sie eine Weile und fragte schließlich: „Aber gelt, ein rechter Mann willst du werden?"

Da konnte ich Ja sagen. Sie aber, statt nun mit peinlichen Fragen zu kommen, streichelte meine Hand und nickte mir auf eine Weise zu, die bedeutete, sie habe Vertrauen zu mir, auch ohne eine Beichte. Und dann fragte sie nach meinen Kleidern und meiner Wäsche, denn in den letzten zwei Jahren hatte ich mich selber versorgt und nichts mehr zum Waschen und Flicken heimgeschickt.

„Wir wollen morgen alles miteinander durchsehen", sagte sie, nachdem ich Bericht erstattet hatte, und damit war das ganze Examen zu Ende.

Bald darauf holte die Schwester mich ins Haus. Im „schönen Zimmer" setzte sie sich ans Klavier und holte die Noten von damals heraus, die ich lang nimmer gehört und gesungen und doch nicht vergessen hatte. Wir sangen Lieder von Schubert und Schumann und nahmen dann den Silcher vor, die deutschen und die ausländischen Volkslieder, bis es Zeit zum Nachtessen war. Da deckte meine Schwester den Tisch, während ich mich mit dem Papagei unterhielt, der trotz seines Namens für ein Männchen galt und der ‚Polly' hieß.

Er sprach mancherlei, ahmte unsere Stimmen und unser Lachen nach und verkehrte mit jedem von uns auf einer besonderen, genau eingehaltenen Stufe von Freundschaftlichkeit. Am engsten war er mit meinem Vater befreundet, den er alles mit sich anfangen ließ, dann kam der Bruder, dann Mama, dann ich und zuletzt die Schwester, gegen die er ein Misstrauen hegte.

Polly war das einzige Tier in unserm Hause und gehörte seit zwanzig Jahren wie ein Kind zu uns. Er liebte Gespräch, Gelächter und Musik, aber nicht in nächster Nähe. Wenn er allein war und im Nebenzimmer lebhaft sprechen hörte, lauschte er scharf, redete mit und lachte auf seine gutmütig ironische Art. Und manchmal, wenn er ganz unbeachtet und einsam auf seinem Klettergestäbe saß und Stille herrschte und die Sonne warm ins Zimmer schien, dann fing er in tiefen, wohligen Tönen an, das Leben zu preisen und Gott zu loben, in flötenähnlichen Lauten, und es klang feierlich, warm und innig, wie das selbstvergessene Singen eines einsam spielenden Kindes.

Nach dem Abendessen brachte ich eine halbe Stunde damit zu, den Garten zu gießen, und als ich nass und schmutzig wieder hereinkam, hörte ich vom Gang aus eine halb bekannte Mädchenstimme drinnen sprechen. Schnell wischte ich die Hände am Sacktuch ab und trat ein, da saß in einem lila Kleide und breitem Strohhut ein großes schönes Mädchen, und als sie aufstand und mich ansah und mir die Hand hinstreckte, erkannte ich Helene Kurz, eine Freundin meiner Schwester, in die ich früher einmal verliebt gewesen war.

„Haben Sie mich denn noch gekannt?", fragte ich vergnügt.

„Lotte hat mir schon gesagt, Sie seien heimgekommen", sagte sie freundlich. Aber mich hätte es mehr gefreut, wenn sie einfach Ja gesagt hätte. Sie war hochgewachsen und gar schön geworden, ich wusste nichts weiter zu sagen und ging ans Fenster zu den Blumen, während sie sich mit der Mutter und Lotte unterhielt.

Meine Augen gingen auf die Straße, und meine Finger spielten mit den Blättern der Geranienstöcke, meine Gedanken aber waren nicht dabei. Ich sah einen blaukalten Winterabend und lief auf dem Flusse zwischen den hohen Erlenstauden Schlittschuh und verfolgte von ferne in scheuen Halbkreisen eine Mädchengestalt, die noch nicht richtig Schlittschuh laufen konnte und sich von einer Freundin führen ließ.

Nun klang ihre Stimme, viel voller und tiefer geworden als früher, mir nahe und mir doch fast fremd; sie war eine junge Dame geworden, und ich kam mir nimmer gleichstehend und gleichaltrig vor, sondern wie wenn ich immer noch fünfzehnjährig wäre. Als sie ging, gab ich ihr wieder die Hand, verbeugte mich aber unnötig und ironisch tief und sagte: „Gute Nacht, Fräulein Kurz."

„Ist die denn wieder daheim?", fragte ich nachher.

„Wo soll sie denn sonst sein?", meinte Lotte, und ich mochte nicht weiter davon reden.

Pünktlich um zehn Uhr wurde das Haus geschlossen, und die Eltern gingen ins Bett. Beim Gutenachtkuss legte der Vater mir den Arm um die Schulter und sagte leise: „Das ist recht, dass wir dich wieder einmal zu Haus haben. Freut's dich auch?"

Alles ging zu Bett, auch die Magd hatte schon vor einer Weile Gute Nacht gesagt, und nachdem noch ein paar Türen einige Mal auf und zu gegangen waren, lag das Haus in tiefer Nachtstille.

Ich aber hatte mir zuvor ein Krüglein Bier geholt und kalt gestellt, das setzte ich in meinem Zimmer auf den Tisch, und da in den Wohnstuben bei uns nicht geraucht werden durfte, stopfte ich mir jetzt eine Pfeife und zündete sie an. Meine beiden Fenster gingen auf den dunkeln, stillen Hof, von dem eine Steintreppe bergauf in den Garten führte. Dort oben sah ich die Tannen schwarz am Himmel stehen und darüber Sterne schimmern.

Länger als eine Stunde blieb ich noch auf, sah die kleinen wolligen Nachtflügler um meine Lampe geistern und blies langsam meine Rauchwolken gegen die geöffneten Fenster. In langen stillen Zügen gingen unzählige Bilder meiner Heimat- und Knabenzeit an meiner Seele vorüber, eine große schweigende Schar, aufsteigend und erglänzend und wieder verschwindend wie Wogen auf einer Seefläche.

Am Morgen legte ich meinen besten Anzug an, um meiner Vaterstadt und den vielen alten Bekannten zu gefallen und einen sichtbaren Beweis dafür zu geben, dass es mir wohl ergangen und dass ich nicht als armer Teufel heimgekommen sei. Über unserm engen Tale stand der Sommerhimmel glänzend blau, die weißen Straßen stäubten leicht, vor dem benachbarten Posthause standen die Botenwagen aus den Walddörfern, und auf der Gasse spielten die kleinen Kinder mit Gluckern und wollenen Bällen.

DORT FLOSS DAS DURCH DIE GROSSEN
TRANSPARENTEN BLÄTTER DES
PFEIFENSTRAUCHES EINDRINGENDE
SONNENLICHT GEDÄMPFT UND WARM UND
LICHTGRÜN, EIN PAAR BIENEN SUMSTEN
SCHWER UND TRUNKEN DAHIN UND
HATTEN IHREN WEG VERLOREN.

Mein erster Gang war über die alte steinerne Brücke, das älteste Bauwerk des Städtleins. Ich betrachtete die kleine gotische Brückenkapelle, an der ich früher tausendmal vorbeigelaufen war, dann lehnte ich mich auf die Brüstung und schaute den grünen, raschen Fluss hinauf und hinab. Die behagliche alte Mühle, an deren Giebelwand ein weißes Rad gemalt gewesen war, die war verschwunden, und an ihrem Platze stand ein neuer großer Bau aus Backsteinen, im Übrigen war nichts verändert, und wie früher trieben sich unzählige Gänse und Enten auf dem Wasser und an den Ufern herum.

Jenseits der Brücke begegnete mir der erste Bekannte, ein Schulkamerad von mir, der Gerber geworden war. Er trug eine leuchtend orangegelbe Schürze und sah mich ungewiss und suchend an, ohne mich recht zu erkennen. Ich nickte ihm vergnügt zu und schlenderte weiter, während er mir nachschaute und sich noch immer besann. Am Fenster seiner Werkstatt begrüßte ich den Kupferschmied mit seinem prachtvollen weißen Bart und schaute dann auch gleich zum Drechsler hinein, der seine Radsaite schnurren ließ und mir eine Prise anbot. Dann kam der Marktplatz mit seinem großen Brunnen und mit der heimeligen Rathaushalle. Dort war der Laden des Buchhändlers, und obwohl der alte Herr mich vor Jahren in übeln Ruf gebracht, weil ich Heines Werke bei ihm bestellt hatte, ging ich doch hinein und kaufte einen Bleistift und eine Ansichtspostkarte. Von hier war es nimmer weit bis zu den Schulhäusern, ich sah mir daher im Vorübergehen die alten Kästen an, witterte an den Toren den bekannten ängstlichen Schulenduft und entrann aufatmend zur Kirche und dem Pfarrhaus.

Als ich noch einige Gassen abgestreift und mich beim Barbier hatte rasieren lassen, war es zehn Uhr und damit die Zeit, meinen Besuch beim Onkel Matthäus zu machen. Ich ging durch den stattlichen Hof in sein schönes Haus, stäubte mir im kühlen Gang die Hosen ab und klopfte an die Wohnstubentüre. Drinnen fand ich die Tante und beide Töchter beim Nähen, der Onkel war schon im Geschäft. Alles in diesem Hause atmete einen reinlichen, altmodisch tüchtigen Geist, ein wenig streng und zu deutlich aufs Nützliche gerichtet, aber auch heiter und zuverlässig. Was dort beständig gefegt, gekehrt, gewaschen, genäht, gestrickt und gesponnen wurde, ist nicht zu sagen, und dennoch fanden die Töchter noch die Zeit, um gute Musik zu machen. Beide spielten Klavier und sangen, und wenn sie die neueren Komponisten auch nicht kannten, so waren sie im Händel, Bach, Haydn und Mozart desto heimischer.

Die Tante sprang auf und mir entgegen, die Töchter machten ihren Stich noch fertig und gaben mir dann die Hand. Zu meinem Erstaunen wurde ich ganz als ein Ehrengast behandelt und in die feine Besuchsstube geführt. Ferner ließ Tante Berta sich durch keine Widerrede davon abhalten, mir ein Glas Wein und Backwerk vorzusetzen. Dann nahm sie mir gegenüber in einem der Staatsstühle Platz. Die Töchter blieben draußen bei der Arbeit.

Das Examen, mit dem meine gute Mutter mich gestern verschont hatte, brach nun zum Teil doch noch über mich herein. Doch kam es mir hier auch nicht darauf an, den ungenügenden Tatsachen durch meine Darstellung etwas mehr Glanz zu verleihen. Meine Tante hatte ein lebhaftes Interesse für die Persönlichkeiten geschätzter Kanzelredner, und sie fragte mich nach den Kirchen und Predigern aller Städte, in denen ich gelebt hatte, gründlich aus. Nachdem wir einige kleine Peinlichkeiten mit gutem Willen überwunden hatten, beklagten wir gemeinsam den vor zehn Jahren erfolgten Hingang eines berühmten Prälaten, den ich, falls er noch am Leben gewesen wäre, in Stuttgart hätte predigen hören können.

Darauf kam die Rede auf meine Schicksale, Erlebnisse und Aussichten, und wir fanden, ich hätte Glück gehabt und sei auf gutem Wege.

„Wer hätte das vor sechs Jahren gedacht!", meinte sie.

„Stand es eigentlich damals so traurig mit mir?", musste ich nun doch fragen.

„Das nicht gerade, das nicht. Aber es war damals doch eine rechte Sorge für deine Eltern."

Ich wollte sagen ‚für mich auch', aber sie hatte im Grunde recht, und ich wollte die Streitigkeiten von damals nicht wieder aufwärmen.

„Das ist schon wahr", sagte ich deshalb und nickte ernst.

„Du hast ja auch allerlei Berufe probiert."

„Ja freilich, Tante. Und keiner davon reut mich. Ich will auch in dem, den ich jetzt habe, nicht immer bleiben."

„Aber nein! Ist das dein Ernst? Wo du gerade eine so gute Anstellung hast? Fast zweihundert Mark im Monat, das ist ja für einen jungen Mann glänzend."

DIE BEHAGLICHE ALTE MÜHLE, AN DEREN
GIEBELWAND EIN WEISSES RAD GEMALT GEWESEN WAR,
DIE WAR VERSCHWUNDEN, UND AN IHREM PLATZE
STAND EIN NEUER GROSSER BAU AUS BACKSTEINEN,
IM ÜBRIGEN WAR NICHTS VERÄNDERT, UND WIE FRÜHER
TRIEBEN SICH UNZÄHLIGE GÄNSE UND ENTEN AUF DEM
WASSER UND AN DEN UFERN HERUM.

„Wer weiß, wie lang's dauert, Tante."

„Wer redet auch so! Es wird schon dauern, wenn du recht dabei-bleibst."

„Nun ja, wir wollen hoffen. Aber jetzt muss ich noch zur Tante Lydia hinauf und nachher zum Onkel ins Kontor. Also auf Wieder-sehen, Tante Berta."

„Ja, adieu. Es ist mir eine Freude gewesen. Zeig dich auch einmal wieder!"

„Ja, gern."

In der Wohnstube sagte ich den beiden Mädchen adieu und unter der Zimmertür der Tante. Dann stieg ich die breite helle Treppe hin-auf, und wenn ich bisher das Gefühl gehabt hatte, eine altmodische Luft zu atmen, so kam ich jetzt in eine noch viel altmodischere.

Droben wohnte in zwei Stüblein eine achtzigjährige Großtante, die mich mit der Zärtlichkeit und Galanterie einer vergangenen Zeit empfing. Da gab es Aquarellporträte von Urgroßonkeln, aus Glas-perlen gestickte Deckchen und Beutel mit Blumensträußen und Landschaften drauf, ovale Bilderrähmchen und einen Duft von San-delholz und altem, zartem Parfüm.

Tante Lydia trug ein dunkelviolettes Kleid von ganz einfachem Schnitt, und außer der Kurzsichtigkeit und dem leisen Zittern des Kopfes war sie erstaunlich frisch und jung. Sie zog mich auf ein schmales Kanapee und fing nicht etwa an von großväterlichen Zei-ten zu reden, sondern fragte nach meinem Leben und meinen Ideen und hatte für alles Aufmerksamkeit und Interesse. So alt sie war und so entlegen urväterisch es bei ihr roch und aussah, sie war doch bis vor zwei Jahren noch öfters auf Reisen gewesen und hatte von der heutigen Welt, ohne sie durchaus zu billigen, eine deutliche und nicht übelwollende Vorstellung, die sie gerne frisch hielt und er-gänzte. Dabei besaß sie eine artige und liebenswerte Fertigkeit in der Konversation; wenn man bei ihr saß, floss das Gespräch ohne Pausen und war immer irgendwie interessant und angenehm.

Als ich ging, küsste sie mich und entließ mich mit einer segnen-den Gebärde, die ich bei niemand sonst gesehen habe.

Den Onkel Matthäus suchte ich in seinem Kontor auf, wo er über Zeitungen und Katalogen saß. Er machte mir die Ausführung meines Entschlusses, keinen Stuhl zu nehmen und recht bald wieder zu ge-hen, nicht schwer.

„So, bist du auch wieder im Land?", sagte er.

„Ja, auch wieder einmal. 's ist lang her."

„Und jetzt geht's dir gut, hört man?"

„Recht gut, danke."

„Musst auch meiner Frau grüß Gott sagen, gelt?"

„Ich bin schon bei ihr gewesen."

„So, das ist brav. Na, dann ist ja alles gut."

Damit senkte er das Gesicht wieder in sein Buch und streckte mir die Hand hin, und da er annähernd die Richtung getroffen hatte, ergriff ich sie schnell und ging vergnügt hinaus.

Nun waren die Staatsbesuche gemacht, und ich ging zum Essen heim, wo es mir zu Ehren Reis und Kalbsbraten gab. Nach Tisch zog mich mein Bruder Fritz beiseite in sein Stübchen, wo meine frühere Schmetterlingsammlung unter Glas an der Wand hing. Die Schwester wollte mitplaudern und streckte den Kopf zur Tür herein, aber Fritz winkte wichtig ab und sagte: „Nein, wir haben ein Geheimnis."

Dann sah er mich prüfend an, und da er auf meinem Gesicht die genügende Spannung wahrnahm, zog er unter seiner Bettstatt eine Kiste hervor, deren Deckel mit einem Stück Blech belegt und mit mehreren tüchtigen Steinen beschwert war.

„Rat, was da drinnen ist", sagte er leise und listig.

Ich besann mich auf unsere ehemaligen Liebhabereien und Unternehmungen und riet: „Eidechsen?"

„Nein."

„Ringelnattern?"

„Nichts."

„Raupen?"

„Nein, nichts Lebendiges."

„Nicht? Warum ist dann die Kiste so gut verwahrt?"

„Es gibt gefährlichere Sachen als Raupen."

„Gefährlich? Aha – Pulver?"

Statt der Antwort nahm er den Deckel ab, und ich erblickte in der Kiste ein bedeutendes Arsenal von Pulverpaketchen von verschiedenem Korn, Holzkohle, Zunder, Zündschnüren, Schwefelstücken, Schachteln mit Salpeter und Eisenfeilspänen.

„Nun, was sagst du?"

Ich wusste, dass mein Vater keine Nacht mehr hätte schlafen können, wenn ihm bekannt gewesen wäre, dass im Bubenzimmer eine Kiste solchen Inhalts lagerte. Aber Fritz leuchtete so vor Wonne und Überrascherfreude, dass ich diesen Gedanken nur vorsichtig andeutete und mich bei seinem Zureden sofort beruhigte. Denn ich selber war moralisch schon mitschuldig geworden und freute mich auf die Feuerwerkerei wie ein Lehrling auf den Feierabend.

„Machst du mit?", fragte Fritz.

„Natürlich. Wir können's ja abends hie und da in den Gärten loslassen, nicht?"

„Freilich können wir. Neulich hab ich im Anger draußen einen Bombenanschlag mit einem halben Pfund Pulver gemacht. Es hat geklöpft wie ein Erdbeben. Aber jetzt hab ich kein Geld mehr, und wir brauchen noch allerlei."

„Ich geb einen Taler."

„Fein, du! Dann gibt's Raketen und Riesenfrösche."

„Aber vorsichtig, gelt?"

„Vorsichtig! Mir ist noch nie was passiert."

Das war eine Anspielung auf ein böses Missgeschick, das ich als Vierzehnjähriger beim Feuerwerken erlebt hatte und das mich um ein Haar mein Leben gekostet hätte.

Nun zeigte er mir die Vorräte und die angefangenen Stücke, weihte mich in einige seiner neuen Versuche und Erfindungen ein und machte mich auf andere neugierig, die er mir vorführen wollte und einstweilen noch geheim hielt. Darüber verging seine Mittagstunde, und er musste ins Geschäft. Und kaum hatte ich nach seinem Weggehen die unheimliche Kiste wieder bedeckt und unterm Bett verstaut, da kam Lotte und holte mich zum Spaziergang mit Papa ab.

„Wie gefällt dir Fritz?", fragte der Vater. „Nicht wahr, er ist groß geworden?"

„O ja."

„Und auch ordentlich ernster, nicht? Er fängt doch an, aus den Kindereien herauszukommen. Ja, nun habe ich lauter erwachsene Kinder."

Es geht an, dachte ich und schämte mich ein wenig. Aber es war ein prächtiger Nachmittag, in den Kornfeldern flammte der Mohn und lachten die Kornraden, wir spazierten langsam und sprachen von lauter vergnüglichen Dingen. Wohlbekannte Wege und Waldränder und Obstgärten begrüßten mich und winkten mir zu, und die

ABER ES WAR EIN PRÄCHTIGER NACHMITTAG,
IN DEN KORNFELDERN FLAMMTE
DER MOHN UND LACHTEN DIE KORNRADEN,
WIR SPAZIERTEN LANGSAM UND
SPRACHEN VON LAUTER
VERGNÜGLICHEN DINGEN.

früheren Zeiten kamen wieder herauf und sahen so hold und strahlend aus, als wäre damals alles gut und vollkommen gewesen.

„Jetzt muss ich dich noch was fragen", fing Lotte an. „Ich habe im Sinn gehabt, eine Freundin von mir für ein paar Wochen einzuladen."

„So, von woher denn?"

„Von Ulm. Sie ist zwei Jahre älter als ich. Was meinst du? Jetzt, wo wir dich da haben, bist du die Hauptsache, und du musst es nur sagen, wenn der Besuch dich genieren würde."

„Was ist's denn für eine?"

„Sie hat das Lehrerinnenexamen gemacht –"

„O je!"

„Nicht o je. Sie ist sehr nett und gar kein Blaustrumpf, sicher nicht. Sie ist auch nicht Lehrerin geworden."

„Warum denn nicht?"

„Das musst du sie selber fragen."

„Also kommt sie doch?"

„Kindskopf! Es kommt auf dich an. Wenn du meinst, wir bleiben lieber unter uns, dann kommt sie später einmal. Drum frag ich dich ja."

„Ich will's an den Knöpfen abzählen."

„Dann sag lieber gleich Ja."

„Also ja."

„Gut. Dann schreib ich heute noch."

„Und einen Gruß von mir."

„Er wird sie kaum freuen."

„Übrigens, wie heißt sie denn?"

„Anna Amberg."

„Amberg ist schön. Und Anna ist ein Heiligenname, aber ein langweiliger, schon weil man ihn nicht abkürzen kann."

„Wär dir Anastasia lieber?"

„Ja, da könnte man Stasi oder Stasel draus machen."

Mittlerweile hatten wir die letzte Hügelhöhe erreicht, die von einem Absatz zum andern nahe geschienen und sich hingezögert hatte. Nun sahen wir von einem Felsen über merkwürdig verkürzte, abschüssige Felder hinweg, durch die wir gestiegen waren, tief im engen Tale die Stadt liegen. Hinter uns aber stand auf welligem Lande stundenweit der schwarze Tannenwald, hin und wieder von schmalen Wiesen oder von einem Stück Kornland unterbrochen, das aus der bläulichen Schwärze heftig hervorleuchtete.

„Schöner als hier ist's eigentlich doch nirgends", sagte ich nachdenklich.

Mein Vater lächelte und sah mich an.

„Es ist deine Heimat, Kind. Und schön ist sie, das ist wahr."

„Ist deine Heimat schöner, Papa?"

„Nein, aber wo man ein Kind war, da ist alles schön und heilig. Hast du nie Heimweh gehabt, du?"

„Doch, hie und da schon."

In der Nähe war eine Waldstelle, da hatte ich in Bubenzeiten manchmal Rotkehlchen gefangen. Und etwas weiter mussten noch die Trümmer einer Steinburg stehen, die wir Knaben einst gebaut hatten. Aber der Vater war müde, und nach einer kleinen Rast kehrten wir um und stiegen einen anderen Weg bergab.

Gern hätte ich über Helene Kurz noch einiges erfahren, doch wagte ich nicht davon anzufangen, da ich durchschaut zu werden fürchtete. In der unbeschäftigten Ruhe des Daheimseins und in der frohen Aussicht auf mehrere müßiggängerische Ferienwochen wurde mein junges Gemüt von beginnender Sehnsucht und von Liebesplänen bewegt, für die es nur noch eines günstigen Ausgangspunktes bedurfte. Aber der fehlte mir gerade, und je mehr ich innerlich mit dem Bilde der schönen Jungfer beschäftigt war, desto weniger fand ich die Unbefangenheit, um nach ihr und ihren Umständen zu fragen.

Im langsamen Heimspazieren sammelten wir an den Feldrändern große Blumensträuße, eine Kunst, die ich lange Zeit nicht mehr geübt hatte. In unserem Haus war von der Mutter her die Gewohnheit, in den Zimmern nicht nur Topfblumen zu halten, sondern auch auf allen Tischen und Kommoden immer frische Sträuße stehen zu haben. Zahlreiche einfache Vasen, Gläser und Krüge hatten sich in den Jahren angesammelt, und wir Geschwister kehrten kaum von einem Spaziergang zurück, ohne Blumen, Farnkräuter oder Zweige mitzubringen.

Mir schien, ich hätte jahrelang gar keine Feldblumen mehr gesehen. Denn diese sehen gar anders aus, wenn man sie im Dahinwandern mit malerischem Wohlgefallen als Farbeninseln im grünen Erdreich betrachtet, als wenn man kniend und gebückt sie einzeln sieht und die schönsten zum Pflücken aussucht. Ich entdeckte kleine verborgene Pflanzen, deren Blüten mich an Ausflüge in der Schulzeit erinnerten, und andere, die meine Mutter besonders gern gehabt oder mit besonderen, von ihr selbst erfundenen Namen bedacht hatte. Die gab es alle noch, und mit jeder von ihnen ging mir eine Erinnerung auf, und aus jedem blauen oder gelben Kelche schaute meine freudige Kindheit mir ungewohnt lieb und nahe in die Augen.

IM SOGENANNTEN SAAL unseres Hauses standen viele hohe Kästen aus rohem Tannenholz, in denen stand und lag ein konfuser Bücherschatz aus großväterlichen Zeiten ungeordnet und einigermaßen verwahrlost umher. Da hatte ich als kleiner Knabe in vergilbten Ausgaben mit fröhlichen Holzschnitten den Robinson und den Gulliver gefunden und gelesen, alsdann alte Seefahrer- und Entdeckergeschichten, später aber auch viel schöngeistige Literatur, wie ‚Siegwart, eine Klostergeschichte‘, ‚Der neue Amadis‘, ‚Werthers Leiden‘ und den Ossian, alsdann viele Bücher von Jean Paul, Stilling, Walter Scott, Platen, Balzac und Viktor Hugo sowie die kleine Ausgabe von Lavaters Physiognomik und zahlreiche Jahrgänge niedlicher Almanache, Taschenbücher und Volkskalender, alte mit Kupferchen von Chodowiecki, später, von Ludwig Richter illustrierte, und schweizerische mit Holzschnitten von Disteli.

Aus diesem Schatze nahm ich abends, wenn nicht musiziert wurde oder wenn ich nicht mit Fritz über Pulverhülsen saß, irgendeinen Band mit in meine Stube und blies den Rauch meiner Pfeife in die gelblichen Blätter, über denen meine Großeltern geschwärmt, geseufzt und nachgedacht hatten. Einen Band des ‚Titan‘ von Jean Paul hatte mein Bruder zu Feuerwerkszwecken ausgeweidet und verbraucht. Als ich die zwei ersten Bände gelesen hatte und den dritten suchte, gestand er es und gab vor, der Band sei ohnehin defekt gewesen.

Diese Abende waren immer schön und unterhaltsam. Wir sangen, die Lotte spielte Klavier, und Fritz geigte, Mama erzählte Geschichten aus unserer Kinderzeit, Polly flötete im Käfig und weigerte sich, zu Bett zu gehen. Der Vater ruhte am Fenster aus oder klebte an einem Bilderbuch für kleine Neffen.

Doch empfand ich es keineswegs als eine Störung, als eines Abends Helene Kurz wieder für eine halbe Stunde zum Plaudern kam. Ich sah sie immer wieder mit Erstaunen an, wie schön und vollkommen sie geworden war. Als sie kam, brannten gerade noch die

Klavierkerzen, und sie sang bei einem zweistimmigen Liede mit. Ich aber sang nur ganz leise, um von ihrer tiefen Stimme jeden Ton zu hören. Ich stand hinter ihr und sah durch ihr braunes Haar das Kerzenlicht goldig flimmern, sah, wie ihre Schultern sich beim Singen leicht bewegten, und dachte, dass es köstlich sein müsste, mit der Hand ein wenig über ihr Haar zu streichen.

Ungerechtfertigterweise hatte ich das Gefühl, mit ihr von früher her durch gewisse Erinnerungen in einer Art von Verbindung zu sein, weil ich schon im Konfirmationsalter in sie verliebt gewesen war, und ihre gleichgültige Freundlichkeit war mir eine kleine Enttäuschung. Denn ich dachte nicht daran, dass jenes Verhältnis nur von meiner Seite bestanden hatte und ihr durchaus unbekannt geblieben war.

Nachher, als sie ging, nahm ich meinen Hut und ging bis zur Glastüre mit.

„Gut Nacht", sagte sie. Aber ich nahm ihre Hand nicht, sondern sagte: „Ich will Sie heimbegleiten."

Sie lachte.

„Oh, das ist nicht nötig, danke schön. Es ist ja hier gar nicht Mode."

„So?", sagte ich und ließ sie an mir vorbeigehen. Aber da nahm meine Schwester ihren Strohhut mit den blauen Bändern und rief: „Ich geh auch mit."

Und wir stiegen zu dritt die Treppe hinunter, ich machte eifrig das schwere Haustor auf, und wir traten in die laue Dämmerung hinaus und gingen langsam durch die Stadt, über Brücke und Marktplatz und in die steile Vorstadt hinauf, wo Helenes Eltern wohnten. Die zwei Mädchen plauderten miteinander wie die Stare, und ich hörte zu und war froh, dabei zu sein und zum Kleeblatt zu gehören. Zuweilen ging ich langsamer, tat, als schaue ich nach dem Wetter aus, und blieb einen Schritt zurück, dann konnte ich sie ansehen, wie sie den dunklen Kopf frei auf dem steilen, hellen Nacken trug und wie sie kräftig ihre ebenmäßigen schlanken Schritte tat.

Vor ihrem Haus gab sie uns die Hand und ging hinein, ich sah ihren Hut noch im finstern Hausgang schimmern, ehe die Tür zuschnappte.

„Ja", sagte Lotte. „Sie ist doch ein schönes Mädchen, nicht? Und sie hat etwas so Liebes."

„Jawohl. – Und wie ist's jetzt mit deiner Freundin, kommt sie bald?"

„SCHÖNER ALS HIER IST'S
EIGENTLICH DOCH NIRGENDS",
SAGTE ICH NACHDENKLICH.

„Geschrieben hab ich ihr gestern."

„So so. Ja, gehen wir den gleichen Weg heim?"

„Ach so, wir könnten den Gartenweg gehen, gelt?"

Wir gingen den schmalen Steig zwischen den Gartenzäunen. Es war schon dunkel, und man musste aufpassen, da es viele baufällige Knüppelstufen und heraushängende morsche Zaunlatten gab.

Wir waren schon nahe an unserem Garten und konnten drüben im Haus die Wohnstubenlampe lange brennen sehen.

Da machte eine leise Stimme: „Bst! Bst!", und meine Schwester bekam Angst. Es war aber unser Fritz, der sich dort verborgen hatte und uns erwartete.

„Passet auf und bleibet stehen!", rief er herüber. Dann zündete er mit einem Schwefelholz eine Lunte an und kam zu uns herüber.

„Schon wieder Feuerwerk?", schalt Lotte.

„Es knallt fast gar nicht", versicherte Fritz. „Passet nur auf, es ist eine Erfindung von mir."

Wir warteten, bis die Lunte abgebrannt war. Dann begann es zu knistern und kleine unwillige Funken zu spritzen, wie nasses Schieß-pulver. Fritz glühte vor Lust.

„Jetzt kommt es, jetzt gleich, zuerst weißes Feuer, dann ein klei-ner Knall und eine rote Flamme, dann eine schöne blaue!"

Es kam jedoch nicht so, wie er meinte. Sondern nach einigem Zucken und Sprühen flog plötzlich die ganze Herrlichkeit mit einem kräftigen Paff und Luftdruck als eine weiße Dampfwolke in die Lüfte.

Lotte lachte, und Fritz war unglücklich. Während ich ihn zu trös-ten suchte, schwebte die dicke Pulverwolke feierlich langsam über die dunklen Gärten hinweg.

„Das Blaue hat man ein wenig sehen können", fing Fritz an, und ich gab es zu. Dann schilderte er mir fast weinerlich die ganze Kons-truktion seines Prachtfeuers, und wie alles hätte gehen sollen.

„Wir machen's noch einmal", sagte ich.

„Morgen?"

„Nein, Fritz. Nächste Woche dann."

Ich hätte geradesogut morgen sagen können. Aber ich hatte den Kopf voller Gedanken an die Helene Kurz und war in dem Wahn be-fangen, es könnte morgen leicht irgendetwas Glückliches gesche-hen, vielleicht dass sie am Abend wiederkäme oder dass sie mich auf einmal gut leiden könnte. Kurz, ich war jetzt mit Dingen beschäftigt,

die mir wichtiger und aufregender vorkamen als alle Feuerwerks-
künste der ganzen Welt.

Wir gingen durch den Garten ins Haus und fanden in der Wohnstube die Eltern beim Brettspiel. Das war alles einfach und selbstverständlich und konnte gar nicht anders sein. Und ist doch so anders
geworden, dass es mir heute unendlich fernzuliegen scheint. Denn
heute habe ich jene Heimat nicht mehr. Das alte Haus, der Garten
und die Veranda, die wohlbekannten Stuben, Möbel und Bilder, der
Papagei in seinem großen Käfig, die liebe alte Stadt und das ganze
Tal ist mir fremd geworden und gehört nicht mehr mir. Mutter und
Vater sind gestorben, und die Kinderheimat ist zu Erinnerung und
Heimweh geworden; es führt keine Straße mehr dorthin.

NACHTS GEGEN ELF Uhr, da ich über einem dicken Band Jean
Paul saß, fing meine kleine Öllampe an, trübe zu werden. Sie zuckte und stieß kleine ängstliche Töne aus, die Flamme wurde rot und
rußig, und als ich nachschaute und am Dochte schraubte, sah ich,
dass kein Öl mehr drin war. Es tat mir leid um den schönen Roman,
an dem ich las, aber es ging nicht an, jetzt noch im dunkeln Hause
umherzutappen und nach Öl zu suchen.

So blies ich die qualmende Lampe aus und stieg unmutig ins Bett.
Draußen hatte sich ein warmer Wind erhoben, der mild in den Tannen und im Syringengebüsche wehte. Im grasigen Hof drunten sang
eine Grille. Ich konnte nicht einschlafen und dachte nun wieder an
Helene. Es kam mir völlig hoffnungslos vor, von diesem so feinen
und herrlichen Mädchen jemals etwas anderes gewinnen zu können
als das sehnsüchtige Anschauen, das ebenso wehe wie wohltat. Mir
wurde heiß und elend, wenn ich mir ihr Gesicht und den Klang ihrer
tiefen Stimme vorstellte und ihren Gang, den sicheren und energi-
schen Takt ihrer Schritte, mit dem sie am Abend über die Straße und
den Marktplatz gegangen war.

Schließlich sprang ich wieder auf, ich war viel zu warm und unruhig, als dass ich hätte schlafen können. Ich ging ans Fenster und
sah hinaus. Zwischen strähnigen Schleierwolken schwamm blass der
abnehmende Mond, die Grille sang noch immer im Hof. Am liebsten wäre ich noch eine Stunde draußen herumgelaufen. Aber die
Haustür wurde bei uns um zehn Uhr geschlossen, und wenn es etwa
einmal passierte, dass sie nach dieser Stunde noch geöffnet und

IM GRASIGEN HOF DRUNTEN
SANG EINE GRILLE.

benutzt werden musste, so war das in unserm Hause stets ein un-
gewöhnliches, störendes und abenteuerliches Ereignis. Ich wusste
auch gar nicht, wo der Hausschlüssel hing.

Da fielen mir vergangene Jahre ein, da ich als halbwüchsiger
Bursche das häusliche Leben bei den Eltern zeitweilig als Sklaverei
empfunden und mich nächtlich mit schlechtem Gewissen und Aben-
teurertrotz aus dem Hause geschlichen hatte, um in einer späten
Kneipe eine Flasche Bier zu trinken. Dazu hatte ich die nur mit Rie-
geln geschlossene Hintertüre nach dem Garten zu benützt, dann
war ich über den Zaun geklettert und hatte auf dem schmalen Steig
zwischen den Nachbargärten hindurch die Straße erreicht.

Ich zog die Hose an, mehr war bei der lauen Luft nicht nötig,
nahm die Schuhe in die Hand und schlich barfuß aus dem Hause,
stieg über den Gartenzaun und spazierte durch die schlafende Stadt
langsam talaufwärts den Fluss entlang, der verhalten rauschte und
mit kleinen zitternden Mondspiegellichtern spielte.

Bei Nacht im Freien unterwegs zu sein, unter dem schweigenden
Himmel, an einem still strömenden Gewässer, das ist stets geheimnisvoll und regt die Gründe der Seele auf. Wir sind dann unserm Ursprung näher, fühlen Verwandtschaft mit Tier und Gewächs, fühlen
dämmernde Erinnerungen an ein vorzeitliches Leben, da noch keine Häuser und Städte gebaut waren und der heimatlos streifende
Mensch Wald, Strom und Gebirg, Wolf und Habicht als seinesglei-
chen, als Freunde oder Todfeinde lieben und hassen konnte. Auch
entfernt die Nacht das gewohnte Gefühl eines gemeinschaftlichen
Lebens; wenn kein Licht mehr brennt und keine Menschenstimme
mehr zu hören ist, spürt der etwa noch Wachende Vereinsamung
und sieht sich losgetrennt und auf sich selber gewiesen. Jenes
furchtbarste menschliche Gefühl, unentrinnbar allein zu sein, allein
zu leben und allein den Schmerz, die Furcht und den Tod schmecken
und ertragen zu müssen, klingt dann bei jedem Gedanken leise mit,
dem Gesunden und Jungen ein Schatten und eine Mahnung, dem
Schwachen ein Grauen.

Ein wenig davon fühlte auch ich, wenigstens schwieg mein Unmut und wich einem stillen Betrachten. Es tat mir weh, daran zu denken, dass die schöne, begehrenswerte Helene wahrscheinlich niemals mit ähnlichen Gefühlen an mich denken werde wie ich an sie;
aber ich wusste auch, dass ich am Schmerz einer unerwiderten Liebe

nicht zugrunde gehen würde, und ich hatte eine unbestimmte Ahnung davon, dass das geheimnisvolle Leben dunklere Schlünde und ernstere Schicksale berge als die Ferienleiden eines jungen Mannes.

Dennoch blieb mein erregtes Blut warm und schuf ohne meinen Willen aus dem lauen Winde Streichelhände und braunes Mädchenhaar, sodass der späte Gang mich weder müde noch schläfrig machte. Da ging ich über die bleichen Öhmdwiesen zum Fluss hinunter, legte meine Kleidung ab und sprang ins kühle Wasser, dessen rasche Strömung mich sogleich zu Kampf und kräftigem Widerstand nötigte. Ich schwamm eine Viertelstunde flussaufwärts, Schwüle und Wehmut rann mit dem frischen Flusswasser von mir ab, und als ich gekühlt und leicht ermüdet meine Kleider wieder suchte und nass hineinschlüpfte, war mir die Rückkehr zu Haus und Bette leicht und tröstlich.

Nach der Spannung der ersten Tage kam ich allmählich in die stille Selbstverständlichkeit des heimatlichen Lebens hinein. Wie hatte ich mich draußen herumgetrieben, von Stadt zu Stadt, unter vielerlei Menschen, zwischen Arbeit und Träumereien, zwischen Studien und Zechnächten, eine Weile von Brot und Milch und wieder eine Weile von Lektüre und Zigarren lebend, jeden Monat ein anderer! Und hier war es wie vor zehn und wie vor zwanzig Jahren, hier liefen die Tage und Wochen in einem heiter stillen, gleichen Takt dahin. Und ich, der ich fremd geworden und an ein unstetes und vielfältiges Erleben gewöhnt war, passte nun wieder da hinein, als wäre ich nie fort gewesen, nahm Interesse an Menschen und Sachen, die ich jahrelang durchaus vergessen gehabt hatte, und vermisste nichts von dem, was die Fremde mir gewesen war.

Die Stunden und Tage liefen mir leicht und spurlos hinweg wie Sommergewölk, jeder ein farbiges Bild und jeder ein schweifendes Gefühl, aufrauschend und glänzend und bald nur noch traumhaft nachklingend. Ich goss den Garten, sang mit Lotte, pulverte mit Fritz, ich plauderte mit der Mutter über fremde Städte und mit dem Vater über neue Weltbegebenheiten, ich las Goethe und las Jacobsen, und eines ging ins andere über und vertrug sich mit ihm, und keines war die Hauptsache.

Die Hauptsache schien mir damals Helene Kurz und meine Bewunderung für sie zu sein. Aber auch das war da wie alles andere, bewegte mich für Stunden und sank für Stunden wieder unter, und ständig war nur mein fröhlich atmendes Lebensgefühl, das Gefühl

eines Schwimmers, der auf glattem Wasser ohne Eile und ohne Ziel
mühelos und sorglos unterwegs ist. Im Walde schrie der Häher und
reiften die Heidelbeeren, im Garten blühten Rosen und feurige Ka-
puziner, ich nahm teil daran, fand die Welt prächtig und wunderte
mich, wie es sein würde, wenn auch ich einmal ein richtiger Mann
und alt und gescheit wäre.

Eines Nachmittags kam ein großes Floß durch die Stadt gefahren, darauf sprang ich und legte mich auf einen Bretterhaufen und
fuhr ein paar Stunden lang mit flussabwärts, an Höfen und Dörfern
vorbei und unter Brücken durch, und über mir zitterte die Luft und
kochten schwüle Wolken mit leisem Donner, und unter mir schlug
und lachte frisch und schaumig das kühle Flusswasser. Da dachte ich
mir aus, die Kurz wäre mit, und ich hätte sie entführt, wir säßen Hand
in Hand und zeigten einander die Herrlichkeiten der Welt von hier
bis nach Holland hinunter.

Als ich weit unten im Tal das Floß verließ, sprang ich zu kurz und
kam bis an die Brust ins Wasser, aber auf dem warmen Heimweg
trockneten mir die dampfenden Kleider auf dem Leib. Und als ich
bestaubt und müde nach langem Marsch die Stadt wieder erreichte,
begegnete mir bei den ersten Häusern Helene Kurz in einer roten
Bluse. Da zog ich den Hut, und sie nickte, und ich dachte an meinen
Traum, wie sie mit mir Hand in Hand den Fluss hinabreiste und du zu
mir sagte, und diesen Abend lang schien mir wieder alles hoffnungslos, und ich kam mir wie ein dummer Plänemacher und Sterngucker
vor. Dennoch rauchte ich vor dem Schlafengehen meine schöne
Pfeife, auf deren Kopf zwei grasende Rehe gemalt waren, und las im
Wilhelm Meister bis nach elf Uhr.

Und am folgenden Abend ging ich gegen halb neun Uhr mit meinem Bruder Fritz auf den Hochstein hinauf. Wir hatten ein schweres
Paket mit, das wir abwechselnd trugen und das ein Dutzend starker
Frösche, sechs Raketen und drei große Bombenschläge samt allerlei
kleinen Sachen enthielt.

Es war lau, und die bläuliche Luft hing voll feiner, leise hinwehender Florwölkchen, die über Kirchturm und Berggipfel hinwegflogen und die blassen ersten Sternbilder häufig verdeckten. Vom
Hochstein herab, wo wir zuerst eine kleine Rast hielten, sah ich unser
enges Flusstal in bleichen abendlichen Farben liegen. Während ich
die Stadt und das nächste Dorf, Brücken und Mühlwehre und den

ES WAR LAU, UND DIE BLÄULICHE LUFT
HING VOLL FEINER, LEISE HINWEHENDER
FLORWÖLKCHEN, DIE ÜBER KIRCHTURM
UND BERGGIPFEL HINWEGFLOGEN UND
DIE BLASSEN ERSTEN STERNBILDER
HÄUFIG VERDECKTEN. VOM HOCHSTEIN
HERAB, WO WIR ZUERST EINE KLEINE
RAST HIELTEN, SAH ICH UNSER ENGES
FLUSSTAL IN BLEICHEN ABENDLICHEN
FARBEN LIEGEN.

schmalen, vom Gebüsch eingefassten Fluss betrachtete, beschlich mich mit der Abendstimmung wieder der Gedanke an das schöne Mädchen, und ich hätte am liebsten einsam geträumt und auf den Mond gewartet. Das ging jedoch nicht an, denn mein Bruder hatte schon ausgepackt und überraschte mich von hinten durch zwei Frösche, die er, mit einer Schnur verbunden und an eine Stange geknüpft, dicht an meinen Ohren losließ.

Ich war ein wenig ärgerlich. Fritz aber lachte so hingerissen und war so vergnügt, dass ich schnell angesteckt wurde und mitmachte. Wir brannten rasch hintereinander die drei extra starken Bombenschläge ab und hörten die gewaltigen Schüsse talauf und talhinab in langem, rollendem Widerhall vertönen. Dann kamen Frösche, Schwärmer und ein großes Feuerrad, und zum Schlusse ließen wir langsam eine nach der andern unserer schönen Raketen in den schwarz gewordenen Nachthimmel steigen.

„So eine rechte, gute Rakete ist eigentlich fast wie ein Gottesdienst", sagte mein Bruder, der zuzeiten gern in Bildern redete, „oder wie wenn man ein schönes Lied singt, nicht? Es ist so feierlich."

Unsern letzten Frosch warfen wir auf dem Heimweg am Schindelhof zu dem bösen Hofhund hinein, der entsetzt aufheulte und uns noch eine Viertelstunde lang wütend nachbellte. Dann kamen wir ausgelassen und mit schwarzen Fingern heim, wie zwei Buben, die eine lustige Lumperei verübt haben. Und den Eltern erzählten wir rühmend von dem schönen Abendgang, der Talaussicht und dem Sternenhimmel.

Eines Morgens, während ich am Fensterflur meine Pfeife reinigte, kam Lotte gelaufen und rief: „So, um elfe kommt meine Freundin an."

„Die Anna Amberg?"

„Jawohl. Gelt, wir holen sie dann ab?"

„Mir ist's recht."

Die Ankunft des erwarteten Gastes, an den ich gar nimmer gedacht hatte, freute mich nur mäßig. Aber zu ändern war es nicht, also ging ich gegen elf Uhr mit meiner Schwester an die Bahn. Wir kamen zu früh und liefen vor der Station auf und ab.

„Vielleicht fährt sie zweiter Klasse", sagte Lotte.

Ich sah sie ungläubig an.

„Es kann schon sein. Sie ist aus einem wohlhabenden Haus, und wenn sie auch einfach ist –"

Mir graute. Ich stellte mir eine Dame mit verwöhnten Manieren und beträchtlichem Reisegepäck vor, die aus der zweiten Klasse steigen und mein behagliches Vaterhaus ärmlich und mich selber nicht fein genug finden würde.

„Wenn sie Zweiter fährt, dann soll sie lieber gleich weiterfahren, weißt du."

Lotte war ungehalten und wollte mich zurechtweisen, da fuhr aber der Zug herein und hielt, und Lotte lief schnell hinüber. Ich folgte ihr ohne Eile und sah ihre Freundin aus einem Wagen dritter Klasse steigen, ausgerüstet mit einem grauseidenen Schirm, einem Plaid und einem bescheidenen Handkoffer.

„Das ist mein Bruder, Anna."

Ich sagte „grüß Gott", und weil ich trotz der dritten Klasse nicht wusste, wie sie darüber denken würde, trug ich ihren Koffer, so leicht er war, nicht selber fort, sondern winkte den Packträger herbei, dem ich ihn übergab. Dann schritt ich neben den beiden Fräulein in die Stadt und wunderte mich, wie viel sie einander zu erzählen hatten. Aber Fräulein Amberg gefiel mir gut. Zwar enttäuschte es mich ein wenig, dass sie nicht sonderlich hübsch war, doch dafür hatte sie etwas Angenehmes im Gesicht und in der Stimme, das wohltat und Vertrauen erweckte.

Ich sehe noch, wie meine Mutter die beiden an der Glastüre empfing. Sie hatte einen guten Blick für Menschengesichter, und wen sie nach dem ersten prüfenden Anschauen mit ihrem Lächeln willkommen hieß, der konnte sich auf gute Tage gefasst machen. Ich sehe noch, wie sie der Amberg in die Augen blickte und wie sie ihr dann zunickte und beide Hände gab und sie ohne Worte gleich vertraut und heimisch machte. Nun war meine misstrauische Sorge wegen des fremden Wesens vergangen, denn der Gast nahm die dargebotene Hand und Freundlichkeit herzhaft und ohne Redensarten an und war von der ersten Stunde an bei uns heimisch.

In meiner jungen Weisheit und Lebenskenntnis stellte ich noch an jenem ersten Tage fest, das angenehme Mädchen besitze eine harmlose, natürliche Heiterkeit und sei, wenn auch vielleicht wenig lebenserfahren, jedenfalls ein schätzbarer Kamerad. Dass es eine höhere und wertvollere Heiterkeit gebe, die einer nur in Not und Leid erwirbt und mancher nie, das ahnte ich zwar, doch war es mir keine Erfahrung. Und dass unser Gast diese seltene Art versöhnlicher Fröhlichkeit besaß, blieb meiner Beobachtung einstweilen verborgen.

Mädchen, mit denen man kameradschaftlich umgehen und über Leben und Literatur reden konnte, waren in meinem damaligen Lebenskreise Seltenheiten. Die Freundinnen meiner Schwester waren mir bisher stets entweder Gegenstände des Verliebens oder gleichgültig gewesen. Nun war es mir neu und lieblich, mit einer jungen Dame ohne Geniertheit umgehen und mit ihr wie mit meinesgleichen über mancherlei plaudern zu können. Denn trotz der Gleichheit spürte ich in Stimme, Sprache und Denkart doch das Weibliche, das mich warm und zart berührte.

Nebenher merkte ich mit einer leisen Beschämung, wie still und geschickt und ohne Aufsehen Anna unser Leben teilte und sich in unsere Art fand. Denn alle meine Freunde, die schon als Feriengäste da gewesen waren, hatten einigermaßen Umstände gemacht und Fremdheit mitgebracht; ja ich selber war in den ersten Tagen nach der Heimkehr lauter und anspruchsvoller als nötig gewesen.

Zuweilen war ich erstaunt, wie wenig Rücksichtnahme Anna von mir verlangte; im Gespräch konnte ich sogar fast grob werden, ohne sie verletzt zu sehen. Wenn ich dagegen an Helene Kurz dachte! Gegen diese hätte ich auch im eifrigsten Gespräch nur behutsame und respektvolle Worte gehabt.

Übrigens kam Helene dieser Tage mehrmals zu uns und schien die Freundin meiner Schwester gernzuhaben. Einmal waren wir alle zusammen bei Onkel Matthäus in den Garten eingeladen. Es gab Kaffee und Kuchen und nachher Stachelbeerwein, zwischenein machten wir gefahrlose Kinderspiele oder lustwandelten ehrbar in den Gartenwegen umher, deren akkurate Sauberkeit von selbst ein gesittetes Benehmen vorschrieb.

Da war es mir sonderbar, Helene und Anna beisammen zu sehen und gleichzeitig mit beiden zu reden. Mit Helene Kurz, die wieder wundervoll aussah, konnte ich nur von oberflächlichen Dingen sprechen, aber ich tat es mit den feinsten Tönen, während ich mit Anna auch über das Interessanteste ohne Aufregung und Anstrengung plauderte. Und indem ich ihr dankbar war und in der Unterhaltung mit ihr ausruhte und mich sicher fühlte, schielte ich doch von ihr weg beständig nach der Schöneren hinüber, deren Anblick mich beglückte und doch immer ungesättigt ließ.

Mein Bruder Fritz langweilte sich elend. Nachdem er genug Kuchen gegessen hatte, schlug er einige derbere Spiele vor, die teils nicht zugelassen, teils schnell wieder aufgegeben wurden. Zwischenein zog er mich auf die Seite und beklagte sich bitter über den faden Nachmittag. Als ich die Achseln zuckte, erschreckte er mich durch das Geständnis, dass er einen Pulverfrosch in der Tasche habe, den er später bei dem üblichen längeren Abschiednehmen der Mädchen loszulassen gedenke. Nur durch inständiges Bitten brachte ich ihn von diesem Vorhaben ab. Darauf begab er sich in den entferntesten Teil des großen Gartens und legte sich unter die Stachelbeerbüsche. Ich aber beging Verrat an ihm, indem ich mit den andern über seinen knabenhaften Unmut lachte, obwohl er mir leidtat und ich ihn gut verstand.

Mit den beiden Kusinen war leicht fertigzuwerden. Sie waren unverwöhnt und nahmen auch Bonmots, die längst nicht mehr den Glanz der Neuheit hatten, dankbar und begierig auf. Der Onkel hatte sich gleich nach dem Kaffee zurückgezogen. Tante Berta hielt sich zumeist an Lotte und war, nachdem ich mit ihr über die Zubereitung von eingemachtem Beerenobst konversiert hatte, von mir befriedigt. So blieb ich den beiden Fräulein nahe und machte mir in den Pausen des Gespräches Gedanken darüber, warum mit einem Mädchen, in das man verliebt ist, es sich so viel schwieriger reden lasse als mit andern. Gern hätte ich der Helene irgendeine Huldigung dargebracht, allein es wollte mir nichts einfallen. Schließlich schnitt ich von den vielen Rosen zwei ab und gab die eine Helene, die andere der Anna Amberg.

Das war der letzte ganz harmlose Tag meiner Ferien. Am nächsten Tag hörte ich von einem gleichgültigen Bekannten in der Stadt, die Kurz verkehre neuestens viel in dem und dem Hause, und es werde wohl bald eine Verlobung geben. Er erzählte das nebenher unter andern Neuigkeiten, und ich hütete mich, mir etwas anmerken zu lassen. Aber wenn es auch nur ein Gerücht war, ich hatte ohnehin von Helene wenig zu hoffen gewagt und war nun überzeugt, sie sei mir verloren. Verstört kam ich heim und floh in meine Stube.

Wie die Umstände lagen, konnte bei meiner leichtlebigen Jugend die Trauer nicht gar lange anhalten. Doch war ich mehrere Tage für keine Lustbarkeit zu haben, lief einsame Wege durch die Wälder, lag lange gedankenlos traurig im Haus herum und fantasierte abends bei geschlossenen Fenstern auf der Geige.

DENN TROTZ DER GLEICHHEIT
SPÜRTE ICH IN STIMME, SPRACHE UND
DENKART DOCH DAS WEIBLICHE, DAS
MICH WARM UND ZART BERÜHRTE.

SO VERLEBTEN WIR IN
UNSERM GLÜCKLICHEN
HAUSE GUTE SOMMERTAGE.

„Fehlt dir etwas, mein Junge?", sagte mein Papa zu mir und legte mir die Hand auf die Schulter.

„Ich habe schlecht geschlafen", antwortete ich, ohne zu lügen. Mehr brachte ich nicht heraus. Er aber sagte nun etwas, das mir später oft wieder einfiel.

„Eine schlaflose Nacht", sagte er, „ist immer eine lästige Sache. Aber sie ist erträglich, wenn man gute Gedanken hat. Wenn man daliegt und nicht schläft, ist man leicht ärgerlich und denkt an ärgerliche Dinge. Aber man kann auch seinen Willen brauchen und Gutes denken."

„Kann man?", fragte ich. Denn ich hatte in den letzten Jahren am Vorhandensein des freien Willens zu zweifeln begonnen.

„Ja, man kann", sagte mein Vater nachdrücklich.

Die Stunde, in der ich nach mehreren schweigsamen und bitteren Tagen zuerst wieder mich und mein Leid vergaß, mit andern lebte und froh war, ist mir noch deutlich in Erinnerung. Wir saßen alle im Wohnzimmer beim Nachmittagskaffee, nur Fritz fehlte. Die andern waren munter und gesprächig, ich aber hielt den Mund und nahm nicht teil, obwohl ich im Geheimen schon wieder ein Bedürfnis nach Rede und Verkehr spürte. Wie es jungen Leuten geht, hatte ich meinen Schmerz mit einer Schutzmauer von Schweigen und abwehrendem Trotz umgeben, die andern hatten mich nach dem guten Brauch unseres Hauses in Ruhe gelassen und meine sichtbare Verstimmung respektiert, und nun fand ich den Entschluss nicht, meine Mauer einzureißen, und spielte, was eben noch echt und notwendig gewesen war, als eine Rolle weiter, mich selber langweilend und auch beschämt über die kurze Dauer meiner Kasteiung.

Da schmetterte unversehens in unsere stille Kaffeetischbehaglichkeit eine Trompetenfanfare hinein, eine kühn und aggressiv geblasene, blitzende Reihe kecker Töne, die uns alle augenblicks von den Stühlen aufriss.

„Es brennt!", rief meine Schwester erschrocken.

„Das wär ein komisches Feuersignal."

„Dann kommt Einquartierung."

Indessen waren wir schon alle im Sturm an die Fenster gestürzt. Wir sahen auf der Straße, gerade vor unserem Hause, einen Schwarm von Kindern und mitten darin auf einem großen weißen Ross einen feuerrot gekleideten Trompeter, dessen Horn und

Habit in der Sonne gleißend prahlte. Der Wundermensch blickte während des Blasens zu allen Fenstern empor und zeigte dabei ein braunes Gesicht mit einem ungeheuren ungarischen Schnauzbart. Er blies fanatisch weiter, Signale und allerlei spontane Einfälle, bis alle Fenster der Nachbarschaft voll Neugieriger waren. Da setzte er das Instrument ab, strich den Schnurrbart, stemmte die linke Hand in die Hüfte, zügelte mit der rechten das unruhige Pferd und hielt eine Rede. Auf der Durchreise und nur für diesen Tag halte seine weltberühmte Truppe sich im Städtlein auf, und dringenden Wünschen nachgebend werde er heute Abend auf dem Brühel eine ‚Galavorstellung in dressierte Pferde, höhere Equilibristik sowie eine große Pantomime' geben. Erwachsene bezahlen zwanzig Pfennige, Kinder die Hälfte. Kaum hatten wir gehört und alles gemerkt, so stieß der Reiter von Neuem in sein blinkendes Horn und ritt davon, vom Kinderschwarm und von einer dicken weißen Staubwolke begleitet.

Das Gelächter und die fröhliche Erregung, die der Kunstreiter mit seiner Verkündigung unter uns erweckt hatte, kam mir zustatten, und ich benützte den Augenblick, meine finstere Schweigsamkeit fahren zu lassen und wieder ein Fröhlicher unter den Fröhlichen zu sein. Sogleich lud ich die beiden Mädchen zur Abendvorstellung ein, der Papa gab nach einigem Widerstreben die Erlaubnis, und wir drei schlenderten sogleich nach dem Brühel hinunter, um uns den Spektakel einmal von außen anzusehen. Wir fanden zwei Männer damit beschäftigt, eine runde Arena abzustecken und mit einem Strick zu umzäunen, danach begannen sie den Aufbau eines hohen Gerüstes, während nebenan auf der schwebenden Treppe eines grünen Wohnwagens eine schreckliche dicke Alte saß und strickte. Ein hübscher weißer Pudel lag ihr zu Füßen. Indem wir uns das betrachteten, kehrte der Reiter von seiner Stadtreise zurück, band den Schimmel hinterm Wagen an, zog sein rotes Prachtkleid ab und half in Hemdärmeln seinen Kollegen beim Aufbauen.

„Die armen Kerle!", sagte Anna Amberg. Ich wies jedoch ihr Mitleid zurück, nahm die Partei der Artisten und rühmte ihr freies, geselliges Wanderleben in hohen Tönen. Am liebsten, erklärte ich, ginge ich selber mit ihnen, stiege aufs hohe Seil und ginge nach den Vorstellungen mit dem Teller herum.

„Das möchte ich sehen", lachte sie lustig.

Da nahm ich statt des Tellers meinen Hut, machte die Gesten eines Einsammelnden nach und bat gehorsamst um ein kleines Douceur für den Clown. Sie griff in die Tasche, suchte einen Augenblick unschlüssig und warf mir dann ein Pfennigstück in den Hut, das ich dankend in die Westentasche steckte.

Die eine Weile unterdrückte Fröhlichkeit kam wie eine Betäubung über mich, ich war jenen Tag kindisch ausgelassen, wobei vielleicht die Erkenntnis der eigenen Wandelbarkeit im Spiele war.

Am Abend zogen wir samt Fritz zur Vorstellung aus, schon unterwegs erregt und lustbarlich entzündet. Auf dem Brühel wogte eine Menschenmenge dunkel treibend umher, Kinder standen mit großen erwartenden Augen still und selig. Lausbuben neckten jedermann und stießen einander den Leuten vor die Füße, Zaungäste richteten sich in den Kastanienbäumen ein, und der Polizeidiener hatte den Helm auf. Um die Arena war eine Sitzreihe gezimmert, innen im Kreise stand ein vierarmiger Galgen, an dessen Armen Ölkannen hingen. Diese wurden jetzt angezündet, die Menge drängte näher, die Sitzreihe füllte sich langsam, und über den Platz und die vielen Köpfe taumelte das rot und rußig flammende Licht der Erdölfackeln.

Wir hatten auf einem der Sitzbretter Platz gefunden. Eine Drehorgel ertönte, und in der Arena erschien der Direktor mit einem kleinen schwarzen Pferde. Der Hanswurst kam mit und begann eine durch viele Ohrfeigen unterbrochene Unterhaltung mit jenem, die großen Beifall fand. Es fing so an, dass der Hanswurst irgendeine freche Frage stellte. Mit einer Ohrfeige antwortend, sagte der andere: „Hältst du mich denn für ein Kamel?"

Darauf der Clown: „Nein, Herr Prinzipal. Ich weiß den Unterschied genau, der zwischen einem Kamel und Ihnen ist."

„So, Clown? Was denn für einer?"

„Herr Prinzipal, ein Kamel kann acht Tage arbeiten, ohne etwas zu trinken. Sie aber können acht Tage trinken, ohne etwas zu arbeiten."

Neue Ohrfeige, neuer Beifall. So ging es weiter, und während ich mich über die Naivität der Witze und über die Einfalt der dankbaren Zuhörerschaft belustigt wunderte, lachte ich selber mit.

Das Pferdchen machte Sprünge, setzte über eine Bank, zählte auf zwölf und stellte sich tot. Dann kam ein Pudel, der sprang durch

ICH ABER, ALS SEI SONST NICHTS IN DER WELT VON BELANG, STEUERTE VERLIEBT MIT FLATTERNDEN WIMPELN DURCH DIE KAUM MERKBAR ABNEHMENDEN TAGE, BELUD JEDEN MIT EINER GOLDENEN HOFFNUNG UND SAH IM ÜBERMUT JEDEN KOMMEN UND LEUCHTEN UND GEHEN, OHNE IHN HALTEN ZU WOLLEN UND OHNE IHN ZU BEDAUERN.

Reifen, tanzte auf zwei Beinen und exerzierte militärisch. Dazwischen immer wieder der Clown. Es folgte eine Ziege, ein sehr hübsches Tier, die auf einem Sessel balancierte.

Schließlich wurde der Clown gefragt, ob er denn gar nichts könne als herumstehen und Witze machen. Da warf er schnell sein weites Hanswurstkleid von sich, stand im roten Trikot da und bestieg das hohe Seil. Er war ein hübscher Kerl und machte seine Sache gut. Und auch ohne das war es ein schöner Anblick, die vom Flammenschein beleuchtete rote Gestalt hoch oben am dunkelblauen Nachthimmel schweben zu sehen.

Die Pantomime wurde, da die Spielzeit schon überschritten sei, nicht mehr aufgeführt. Auch wir waren schon über die übliche Stunde ausgeblieben und traten unverweilt den Heimweg an.

Während der Vorstellung hatten wir uns beständig lebhaft unterhalten. Ich war neben Anna Amberg gesessen, und ohne dass wir anderes als Zufälliges zueinander gesagt hätten, war es so gekommen, dass ich schon jetzt beim Heimgehen ihre warme Nähe ein wenig vermisste.

Da ich in meinem Bett noch lange nicht einschlief, hatte ich Zeit, mir darüber Gedanken zu machen. Sehr unbequem und beschämend war mir dabei die Erkenntnis meiner Treulosigkeit. Wie hatte ich auf die schöne Helene Kurz so schnell verzichten können? Doch legte ich mit einiger Sophistik an diesem Abend und in den nächsten Tagen mir alles reinlich zurecht und löste alle scheinbaren Widersprüche befriedigend.

Noch in derselben Nacht machte ich Licht, suchte in meiner Westentasche das Pfennigstück, das mir Anna heute im Scherz geschenkt hatte, und betrachtete es zärtlich. Es trug die Jahreszahl 1877, war also so alt wie ich. Ich wickelte es in weißes Papier, schrieb die Anfangsbuchstaben A. A. und das heutige Datum darauf und verbarg es im innersten Fach meines Geldbeutels, als einen Glückspfennig.

Die Hälfte meiner Ferienzeit – und bei Ferien ist immer die erste Hälfte die längere – war längst vorüber, und der Sommer fing nach einer heftigen Gewitterwoche schon langsam an, älter und nachdenklicher zu werden. Ich aber, als sei sonst nichts in der Welt von Belang, steuerte verliebt mit flatternden Wimpeln durch die kaum merkbar abnehmenden Tage, belud jeden mit einer goldenen Hoffnung und sah im Übermut jeden kommen und leuchten und gehen, ohne ihn halten zu wollen und ohne ihn zu bedauern.

An diesem Übermut war nächst der unbegreiflichen Sorglosigkeit der Jugend zu einem kleinen Teile auch meine liebe Mutter schuld. Denn ohne ein Wort darüber zu sagen, ließ sie es merken, dass meine Freundschaft mit Anna ihr nicht missfiel. Der Umgang mit dem gescheiten und wohlgesitteten Mädchen hat mir in der Tat gewiss wohlgetan, und mir schien, es würde auch ein tieferes und näheres Verhältnis mit ihr die Billigung meiner Mama finden. So brauchte es keine Sorge und kein Heimlichtun, und wirklich lebte ich mit Anna nicht anders als mit einer geliebten Schwester.

Allerdings war ich damit noch lange nicht am Ziel meiner Wünsche, und nach einiger Zeit bekam dieser unverändert kameradschaftliche Verkehr gelegentlich etwas fast Peinliches für mich, da ich aus dem klar umzäunten Garten der Freundschaft in das weite freie Land der Liebe hin begehrte und durchaus nicht wusste, wie ich unvermerkt meine arglose Freundin auf diese Wege locken könnte. Doch entstand gerade hieraus für die letzte Zeit meiner Ferien ein köstlich freier, schwebender Zustand zwischen Zufriedensein und Mehrverlangen, der mir wie ein großes Glück im Gedächtnis steht.

So verlebten wir in unserm glücklichen Hause gute Sommertage. Zur Mutter war ich inzwischen wieder in das alte Kindesverhältnis gekommen, sodass ich mit ihr ohne Befangenheit über mein Leben reden, Vergangenes beichten und Pläne für später besprechen konnte. Ich weiß noch, wie wir einmal vormittags in der Laube saßen und Garn wickelten. Ich hatte erzählt, wie es mir mit dem Gottesglauben gegangen war, und hatte mit der Behauptung geendet, wenn ich wieder gläubig werden sollte, müsste erst jemand kommen, dem es gelänge, mich zu überzeugen.

Da lächelte meine Mutter und sah mich an, und nach einigem Besinnen sagte sie: „Wahrscheinlich wird der niemals kommen, der dich überzeugen wird. Aber allmählich wirst du selber erfahren, dass es ohne Glauben im Leben nicht geht. Denn das Wissen taugt ja nichts. Jeden Tag kommt es vor, dass jemand, den man genau zu kennen glaubte, etwas tut, was einem zeigt, dass es mit dem Kennen und Gewisswissen nichts war. Und doch braucht der Mensch ein Vertrauen und eine Sicherheit. Und da ist es immer besser, zum Heiland zu gehen als zu einem Professor oder zum Bismarck oder sonst zu jemand.“

„Warum?", fragte ich. „Vom Heiland weiß man ja auch nicht so viel Gewisses."

„Oh, man weiß genug. Und dann – es hat im Lauf der Zeiten hie und da einen einzelnen Menschen gegeben, der mit Selbstvertrauen und ohne Angst gestorben ist. Das erzählt man vom Sokrates und von ein paar andern; viele sind es nicht. Es sind sogar sehr wenige, und wenn sie ruhig und getrost haben sterben können, so war es nicht wegen ihrer Gescheitheit, sondern weil sie rein im Herzen und Gewissen waren. Also gut, diese paar Leute sollen, jeder für sich, recht haben. Aber wer von uns ist wie sie? Gegen diese wenigen aber siehst du auf der andern Seite Tausende und Tausende, arme und gewöhnliche Menschen, die trotzdem willig und getrost haben sterben können, weil sie an den Heiland glaubten. Dein Großvater ist vierzehn Monate in Schmerzen und Elend gelegen, ehe er erlöst wurde, und hat nicht geklagt und hat die Schmerzen und den Tod fast fröhlich gelitten, weil er am Heiland seinen Trost hatte."

Und zum Schluss meinte sie: „Ich weiß gut, dass das dich nicht überzeugen kann. Der Glaube geht nicht durch den Verstand, so wenig wie die Liebe. Du wirst aber einmal erfahren, dass der Verstand nicht zu allem hinreicht, und wenn du so weit bist, wirst du in der Not nach allem langen, was wie ein Trost aussieht. Vielleicht fällt dir dann manches wieder ein, was wir heut geredet haben."

Dem Vater half ich im Garten, und oft holte ich ihm auf Spaziergängen in einem Säcklein Walderde für seine Topfblumen. Mit Fritz erfand ich neue Feuerkünste und verbrannte mir die Finger beim Loslassen. Mit Lotte und mit Anna Amberg brachte ich halbe Tage in den Wäldern zu, half Beeren pflücken und Blumen suchen, las Bücher vor und entdeckte neue Spaziergänge.

Die schönen Sommertage gingen einer um den andern hin. Ich hatte mich daran gewöhnt, fast immer in Annas Nähe zu sein, und wenn ich daran dachte, dass das nun bald sein Ende haben müsse, zogen schwere Wolken über meinen blauen Ferienhimmel.

Und wie denn alles Schöne und auch das Köstlichste nur zeitlich ist und sein gesetztes Ziel hat, so entrann Tag um Tag auch dieser Sommer, der mir in der Erinnerung meine ganze Jugend zu beschließen scheint. Man begann von meiner baldigen Abreise zu sprechen. Die Mutter nahm noch einmal meinen Besitz an Wäsche und Kleidern prüfend durch, flickte einiges und schenkte mir am Tage des

Einpackens zwei Paar guter grauwollener Socken, die sie selber gestrickt hatte und von denen wir beide nicht wussten, dass sie ihr letztes Geschenk an mich waren.

Lang gefürchtet und doch überraschend kam endlich der letzte Tag herauf, ein hellblauer Spätsommertag mit zärtlich flatternden Spitzenwölklein und einem sanften Südostwinde, der im Garten mit den noch zahlreich blühenden Rosen spielte und schwer mit Duft beladen gegen Mittag müd wurde und einschlief. Da ich beschlossen hatte, noch den ganzen Tag auszunützen und erst spät am Abend abzureisen, wollten wir Jungen den Nachmittag noch auf einen schönen Ausflug verwenden. So blieben die Morgenstunden für die Eltern übrig, und ich saß zwischen beiden auf dem Kanapee in Vaters Studierstube. Der Vater hatte mir noch einige Abschiedsgaben aufgespart, die er mir nun freundlich und mit einem scherzhaften Ton, hinter dem er seine Bewegung verbarg, überreichte. Es war ein kleines altmodisches Beutelein mit einigen Talern, eine in der Tasche tragbare Schreibfeder und ein nett eingebundenes Heftlein, das er selber hergestellt und worin er mir ein Dutzend guter Lebenssprüche mit seiner strengen lateinischen Schrift geschrieben hatte. Mit den Talern empfahl er mir zu sparen, aber nicht zu geizen, mit der Feder bat er mich recht oft heimzuschreiben, und wenn ich einen neuen guten Spruch an mir bewährt fände, ihn ins Heftlein zu den andern zu notieren, die er im eigenen Leben brauchbar und wahr erfunden habe.

Zwei Stunden und darüber saßen wir beisammen, und die Eltern erzählten mir manches aus meiner eigenen Kindheit, aus ihrer und ihrer Eltern Leben, das mir neu und wichtig war. Vieles habe ich vergessen, und da meine Gedanken zwischenein immer wieder zu Anna entrannen, mag ich manches ernste und wichtige Wort nur halb gehört und geachtet haben. Geblieben aber ist mir eine starke Erinnerung an diesen Morgen im Studierzimmer, und geblieben ist mir eine tiefe Dankbarkeit und Verehrung für meine beiden Eltern, die ich heute in einem reinen, heiligen Lichte sehe, das für meine Augen keinen anderen Menschen umgibt.

Damals aber ging mir der Abschied, den ich am Nachmittag zu nehmen hatte, weit näher. Bald nach dem Mittagessen machte ich mich mit den beiden Mädchen auf den Weg, über den Berg nach einer schönen Waldschlucht, einem schroffen Seitentale unseres Flusses.

ERST AUF DER BERGHÖHE, VON WO ZWISCHEN
HOHEN ROTEN FÖHRENSTÄMMEN DAS SCHMALE
GEWUNDENE TAL UND EIN WEITES WALDGRÜNES
HÜGELLAND ZU SEHEN WAR UND WO
HOCHSTIELIGE KERZENBLUMEN IM WINDE
SCHWANKTEN, RISS ICH MICH MIT EINEM
JUCHZER AUS DER BEFANGENHEIT LOS.

DA SCHRITTEN WIR DIE GANZE
DEN BERGRÜCKEN ENTLANGFÜHRENDE
STRASSE HÄNDESCHWINGEND ZU DREIEN
IN EINER ART VON TANZ DAHIN, DASS
ES EINE FREUDE WAR.

Anfangs machte meine bedrückte Stimmung auch die andern nachdenklich und schweigsam. Erst auf der Berghöhe, von wo zwischen hohen roten Föhrenstämmen das schmale gewundene Tal und ein weites waldgrünes Hügelland zu sehen war und wo hochstielige Kerzenblumen im Winde schwankten, riss ich mich mit einem Juchzer aus der Befangenheit los. Die Mädchen lachten und stimmten sofort ein Wanderlied an; es war ‚O Täler weit, o Höhen‘, ein altes Lieblingslied unserer Mutter, und beim Mitsingen fielen mir eine Menge fröhlicher Waldausflüge aus Kinderzeiten und vergangenen Feriensommern ein. Von diesen und von der Mutter fingen wir denn auch wie verabredet zu sprechen an, sobald der letzte Vers verklungen war. Wir sprachen von diesen Zeiten mit Dank und Stolz, denn wir haben eine herrliche Jugend- und Heimatzeit gehabt, und ich ging mit Lotte Hand in Hand, bis Anna sich lachend anschloss. Da schritten wir die ganze den Bergrücken entlangführende Straße händeschwingend zu dreien in einer Art von Tanz dahin, dass es eine Freude war.

Dann stiegen wir auf einem steilen Fußpfad seitwärts in die finstere Schlucht eines Baches hinab, der von Weitem hörbar über Geröll und Felsen sprang. Weiter oben am Bache lag eine beliebte Sommerwirtschaft, in welche ich die beiden zu Kaffee und Eis und Kuchen eingeladen hatte. Bergab und den Bach entlang mussten wir hintereinandergehen, und ich blieb hinter Anna, betrachtete sie und sann auf eine Möglichkeit, sie heute noch allein zu sprechen.

Schließlich fiel mir eine List ein. Wir waren unserm Ziel schon nahe an einer grasigen Uferstelle, die voll von Bachnelken stand. Da bat ich Lotte, vorauszugehen und Kaffee zu bestellen und einen hübschen Gartentisch für uns decken zu lassen, während ich mit Anna einen großen Waldstrauß machen wolle, da es gerade hier so schön und blumig sei. Lotte fand den Vorschlag gut und ging voraus. Anna setzte sich auf ein moosiges Felsstück und begann Farnkraut zu brechen.

„Also das ist mein letzter Tag", fing ich an.

„Ja, es ist schade. Aber Sie kommen ja sicher bald einmal wieder heim, nicht?"

„Wer weiß? Jedenfalls im nächsten Jahr nicht, und wenn ich auch wiederkomme, so ist doch nicht mehr alles wie diesmal."

„Warum nicht?"

„Ja, wenn Sie dann auch gerade wieder da wären!"

„Das wäre schließlich nicht unmöglich. Aber meinetwegen sind Sie ja doch auch diesmal nicht heimgekommen."

„Weil ich Sie noch gar nicht gekannt habe, Fräulein Anna."

„Allerdings. Aber Sie helfen mir gar nicht! Geben Sie mir wenigstens ein paar von den Bachnelken dort."

Da nahm ich mich zusammen.

„Nachher so viel Sie wollen. Aber im Augenblick ist mir etwas anderes zu wichtig. Sehen Sie, ich habe jetzt ein paar Minuten mit Ihnen allein, und darauf hab ich den ganzen Tag gewartet. Denn – weil ich doch heute reisen muss, wissen Sie – also kurz, ich wollte Sie fragen, Anna – –"

Sie sah mich an, ihr gescheites Gesicht war ernst und beinahe bekümmert.

„Warten Sie!", unterbrach sie meine hilflose Rede. „Ich glaube, ich weiß schon, was Sie mir sagen wollen. Und jetzt bitte ich Sie herzlich, sagen Sie's nicht!"

„Nicht?"

„Nein, Hermann. Ich kann Ihnen jetzt nicht erzählen, warum das nicht sein darf, doch dürfen Sie es gern wissen. Fragen Sie später einmal Ihre Schwester, die weiß alles. Unsere Zeit ist jetzt zu kurz, und es ist eine traurige Geschichte, und heut wollen wir nicht traurig sein. Wir wollen jetzt unsern Strauß machen, bis Lotte wiederkommt. Und im Übrigen wollen wir gute Freunde bleiben und heute noch miteinander fröhlich sein. Wollen Sie?"

„Ich wollte schon, wenn ich könnte."

„Nun dann, so hören Sie. Mir geht es wie Ihnen; ich habe einen lieb und kann ihn nicht bekommen. Aber wem es so geht, der muss alle Freundschaft und alles Gute und Frohe, was er sonst etwa haben kann, doppelt festhalten, nicht wahr? Drum sage ich, wir wollen gut Freund bleiben und wenigstens noch diesen letzten Tag einander fröhliche Gesichter zeigen. Wollen wir?"

Da sagte ich leise Ja, und wir gaben einander die Hände darauf. Der Bach lärmte und jubelte und spritzte feine Tropfen zu uns herauf, unser Strauß wurde groß und farbig, und es dauerte nicht lange, da sang und rief meine Schwester uns schon wieder entgegen. Als sie bei uns war, tat ich, als wollte ich trinken, kniete am Bachrand hin und tauchte Stirn und Augen eine kleine Weile in das kalt strömende

Wasser. Dann nahm ich den Strauß zur Hand, und wir gingen miteinander den kurzen Weg bis zur Wirtschaft.

Dort stand unter einem Ahornbaum ein Tisch für uns gedeckt, es
gab Eis und Kaffee und Biskuits, die Wirtin hieß uns willkommen, und
zu meiner eigenen Verwunderung konnte ich sprechen und Antwort
geben und essen, als wäre alles gut. Ich wurde fast fröhlich, hielt eine
kleine Tischrede und lachte ohne Zwang mit, wenn gelacht wurde.

Ich will es Anna nicht vergessen, wie einfach und lieb und tröstlich sie mir über das Demütigende und Traurige an jenem Nachmittag hinweggeholfen hat. Ohne merken zu lassen, dass etwas
zwischen ihr und mir vorgefallen sei, behandelte sie mich mit einer
schönen Freundschaftlichkeit, die mir meine Haltung bewahren half
und mich nötigte, ihr älteres und tieferes Leid und die Art, wie sie es
heiter trug, hoch zu achten.

Das enge Waldtal füllte sich mit frühen Abendschatten, als wir
aufbrachen. In der Höhe aber, die wir rasch erstiegen, holten wir die
sinkende Sonne wieder ein und schritten noch eine Stunde lang in
ihrem warmen Licht, bis wir sie beim Niederstieg zur Stadt nochmals
aus den Augen verloren. Ich sah ihr nach, wie sie schon groß und
rötlich zwischen schwarzen Tannenwipfeln stand, und dachte daran,
dass ich sie morgen weit von hier an fremden Orten wiedersehen
würde.

Abends, nachdem ich vom ganzen Hause Abschied genommen
hatte, gingen Lotte und Anna mit mir auf den Bahnhof und winkten
mir nach, als ich im Zug war und der eingebrochenen Finsternis ent-
gegenfuhr.

Ich stand am Wagenfenster und schaute auf die Stadt hinaus, wo
schon Laternen und helle Fenster leuchteten. In der Nähe unseres
Gartens nahm ich eine starke, blutrote Helle wahr. Da stand mein
Bruder Fritz und hatte in jeder Hand ein bengalisches Licht, und in
dem Augenblick, da ich winkte und an ihm vorbeifuhr, ließ er eine
Rakete senkrecht aufsteigen. Hinauslehnend sah ich sie steigen und
innehalten, einen weichen Bogen beschreiben und in einem roten
Funkenregen vergehen.

Hermann Hesse

Ein Strandidyll

I. DER EINSIEDLER

Martin Wedeking war ein wenig, was man einen Einsiedler nennt. Solche gedeihen bekanntlich am besten in den Wüsten und Wildnissen oder in den ganz großen Städten, wo sich niemand viel um seinen Nebenmenschen bekümmert. Es ereignet sich nun öfter, als manche kluge Leute annehmen, dass solche zum träumerischen Vorsichhinleben geneigte Menschen in der von ihnen gewählten praktischen Tätigkeit voll ihren Beruf erfüllen, und zwar in einer nüchternen und tüchtigen Weise, die niemanden ahnen lässt, welche bunte Gedankenwelt noch außerdem in diesem Kopf wohnt. Das Leben solcher Sonderlinge ist scharf in zwei Teile geschieden, und der Mensch der Geschäftsstunden ist so sehr von dem Menschen der Freistunden verschieden, dass es kaum glaublich ist, beide könnten in einem Rock stecken. Martin Wedeking war Oberingenieur in einer der großen Maschinenfabriken vor dem Oranienburger Tor in Berlin; dort war er kurz, scharf und klar in allen seinen Äußerungen, sein Denken war mathematisch und einzig auf sein Fach gerichtet, sodass er unter den Genossen als einer der tüchtigsten Ingenieure galt.

Wenn er aber zu Hause saß in seiner behaglichen kleinen Wohnung, die an dem sogenannten „Kessel" lag, jenem stillen, friedlichen Platz mit Blumenanlagen und Springbrunnen, der sich von der Kesselstraße abzweigt, da war jene Welt mit ihrem hastigen Getriebe, ihren schnurrenden Riemenscheiben, klappernden Rädern und schütternden Dampfhämmern gänzlich versunken und Martin Wedeking war ein friedlicher Träumer, der Blumen zog, seltene einheimische Singvögel fütterte, Ameisen beobachtete, die er in glasbedeckten, mit Erde gefüllten Kästen hielt, und sich mit Werken der Dichtkunst beschäftigte. Daraus wird nun wohl jeder, der sich einige Klugheit zutraut, schließen, dass er selber ein heimlicher Dichter war und seine Musestunden auch dazu verwandte, schönes weißes Papier höchst unökonomisch nur in der Mitte zu beschreiben, wie Scheffel sagt; allein dies war nicht der Fall, sondern er gehörte zu den heutzutage so seltenen platonischen Liebhabern dieser Kunst. Ihm erschien es wie Wunder und Geheimnis, dass durch den bloßen Zauber der Sprache solche Wirkungen erzielt werden konnten, und mit gewissen Lieblingsgedichten vermochte er sich jederzeit in Rührung zu versetzen. Denn er gehörte zu denjenigen Naturen, welche, wenn sie der Schönheit und Vollendung begegnen, davon bis zu Tränen ergriffen werden. Da Martin Wedeking ein großer Naturfreund war, so gehörten Stifter und Storm zu seinen Lieblingen, andererseits aber auch zog ihn im vollen Gegensatz zu seinem scharf verstandesmäßigen Beruf das Märchenhaft-Fantastische an, und an manchem stillen Winterabend ergötzte er sich höchlich an Hoffmann, Edgar Poe und Gullivers Reisen von Swift, welches Buch er immer und immer wieder lesen konnte, wobei ihn weniger die grausame Satire auf das Menschengeschlecht als vielmehr die ungewöhnliche Kunst zu fabulieren anzog, durch welche dieser außerordentliche Schriftsteller auch das Wunderbarste anschaulich zu machen versteht.

So lebte Martin Wedeking in seinen zwei Welten behaglich vor sich hin mit der Regelmäßigkeit eines Uhrwerkes, und nur alljährlich im Sommer durchbrach er diese Einförmigkeit seines Daseins dadurch, dass er sich auf vier Wochen frei machte, um aus der Einsamkeit der großen Menschenwüste in die wirkliche Einsamkeit des Gebirges, des Waldes, der Heide oder des Seestrandes zu verschwinden. Dies waren die stillen Freuden- und Glanzpunkte seines Lebens, von welchen er das ganze Jahr hindurch in der Erinnerung zehrte.

Nachdem er nun dergleichen Sommervergnügen schon in den einsamsten Teilen des Harzes und Thüringer Waldes, ja einmal sogar in Ausführung eines lang gehegten Planes in der Lüneburger Heide zugebracht hatte, war die Sehnsucht nach der See und nach dem Strandwald in ihm erwacht, und als wieder der Sommer kam, war er fest entschlossen, seinen Urlaub diesmal in seiner mecklenburgischen Heimat an der Ostsee zu verbringen. Er wusste dort einen Ort, im Wald gelegen und nicht weit vom Strand, der nur aus den Gehöften von zwei kleinen Bauern und dem Anwesen eines Forstwärters bestand. Wenn er dort unterkommen konnte, was er nicht bezweifelte, war er nach seinen Begriffen wohl aufgehoben, und dachte er daran, so hörte er schon im Geist das eintönige Singen der Tannenwipfel, vernahm das taktmäßige Rauschen der Wellen, die unablässig ans Ufer schlagen, fühlte den wunderbar frischen Anhauch des Seewindes, und jene Sehnsucht nach grüner Waldeinsamkeit stieg in ihm empor, deren zwingende Kraft nur der Naturfreund kennenlernt, welchen sein Geschick jahraus, jahrein in der Häuserwüste einer riesigen Stadt festhält. So machte er sich denn rechtzeitig frei, begab sich an einem schönen Junitag zum Stettiner Bahnhof und bald versank hinter ihm der aus ungezählten Schornsteinen dampfende geräuschvolle Norden Berlins mit seinen rauchgeschwärzten Fabrikgebäuden. Einem anderen Norden rollte er zu, wo er nicht nur mit dem Kopf, sondern auch mit dem Herzen zu Hause war.

II. BAUMGARTENHEIDE

Wedeking war wirklich bei dem Forstwärter von Baumgartenheide untergekommen, obwohl dieser und seine Frau sich anfangs sehr gesträubt hatten, weil sie auf die Unterbringung von Gästen gar nicht eingerichtet seien. Da sich aber der Fremde mit allem zufrieden erklärte, hatte sich eine kleine Kammer gefunden, in welcher gerade ein Bett, ein Tisch und ein Stuhl stehen konnten, und man hatte sich schließlich geeinigt. Nachdem er dann die nächste Umgebung bis an die nicht weit entfernte See hin durchstreift und mit der unvergleichlichen Wonne eines in dem einförmigen Berufs- und Stadtleben vollständig ausgehungerten Naturfreundes sich an dem Duft des Waldes, dem einsamen Säuseln der Wipfel und dem frischen Rauschen der unbegrenzten See erfreut hatte, saß er in

DIES WAREN DIE STILLEN FREUDEN- UND GLANZPUNKTE SEINES LEBENS, VON WELCHEN ER DAS GANZE JAHR HINDURCH IN DER ERINNERUNG ZEHRTE.

EINEM ANDEREN NORDEN ROLLTE
ER ZU, WO ER NICHT NUR MIT DEM
KOPF, SONDERN AUCH MIT DEM
HERZEN ZU HAUSE WAR.

der Dämmerung behaglich in einem kleinen Vorbau des Hauses vor einem weiß gedeckten Tisch und verzehrte sein Abendbrot. Auch dies erschien ihm unvergleichlich und voller Poesie, obwohl es nur aus Rührei mit Schinken, Butter, Schwarzbrot und ein wenig Kuhkäse bestand, nachdem er zuvor eine kleine Satte dicker Milch mit geriebenem Brot und Zucker ausgelöffelt hatte. Das war alles so ursprünglich, so einfach und so frei von Künstelei. Solche Gerichte aß er niemals in der Stadt, weil sie ihm dort gar nicht schmeckten, aber hier in dem strohgedeckten Landhaus, das rings umgeben war von der schweigsamen Majestät des dämmernden Waldes, in dessen Wipfeln noch ein wenig Abendschein träumte, hier in dieser stillen Ländlichkeit, da erschien ihm dies wie eine köstliche Sache [...].

Die Tür zur Vordiele war geöffnet, und hinter dieser lag gleich die Küche. [...] Der junge Mann saß nach beendigter Mahlzeit behaglich zurückgelehnt, während draußen die Dämmerung immer weiter sich verbreitete, und indem er diesem freundlichen Geplauder, dessen Worte er nicht verstand, lauschte, wie man auf ein Bächlein horcht, das über Kiesel lieblich klingend dahinplätschert, fühlte er sich innerlich glücklich und voller Frieden, und weit versunken hinter ihm war die große Stadt mit ihren Tausenden von Schornsteinen, ihrem Dampf, Rauch und Getöse. Das Leben dort kam ihm vor wie ein breiter und trüber Strom, verunreinigt durch allerlei Schlamm und Fabrikgewässer, aber hier war ihm, als sähe er seinen unberührten klaren Quell aus verborgener Tiefe sprudeln.

Dann kam der Forstwärter aus dem Wald nach Hause, und die beiden Männer saßen im Wohnzimmer und rauchten und plauderten miteinander. Dort waren die Wände geziert mit einer großen Anzahl von Gehörnen und Geweihen, deren Träger der Forstwärter in anderen Gegenden der großen Heide, wo er früher als Jäger tätig gewesen, alle selber erlegt hatte. Jede dieser Trophäen hatte natürlich ihre kleine Geschichte, und dergleichen hörte Wedeking für sein Leben gern. Zudem hatte sich der Forstwärter durch Anregung seines früheren Lehrherrn ein wenig mit Botanik befasst und wusste über die seltenen Pflanzen der Umgebung gute Auskunft zu geben. Es wuchs dort mancherlei, das nicht überall vorkam, so die große übermannshoch werdende Saudistel, deren Blätter wie gezackte Hellebardenspitzen aussehen, die strauchartige Sumpf-Wolfsmilch mit den leuchtend roten Zweigen, das stattliche und schöne

Königsfarnkraut und im Moor die schöne mit blassvioletten Glöckchen sowie auf den mit dunkelbraunem Wasser erfüllten Tümpeln
die seltsame Utricularia, welche nicht im Boden wurzelt, sondern
auf ihrer fein verzweigten, mit kleinen Bläschen besetzten Wurzel-
verzweigung schwimmt, aus welcher sie zur Blütezeit über die Was-
seroberfläche einen Stängel mit Blüten vom herrlichsten Goldgelb
emportreibt, und was dergleichen kleine freundliche Naturwunder
mehr sind. So saßen sie und plauderten, indes draußen die Finsternis
der Nacht sich verbreitete und eine große Stille herrschte, sodass
Wedeking mitunter in den Pausen des Gespräches eine Leere in seinem Ohr fühlte, weil er das gewohnte Rollen der Wagen vermisste.
Nur eine Eule flog zuweilen mit klagendem Schrei draußen vorüber
oder ein Nachtfalter mit leichtem Stoß gegen das erleuchtete Fenster. Aus dem entfernten Schlafzimmer tönte der summende Gesang
der Frau, welche ihre unruhige Jüngste in den Schlaf wiegte, und
in der Küche plauderten und sangen die beiden Mädchen, bis auch
sie still wurden. Dann kam die Frau, um dem Mann Gute Nacht zu
sagen, denn es war zehn Uhr, und bald darauf fing auch der Forstwärter an heimlich zu gähnen, denn morgens war er früh auf und
den ganzen Tag tätig. So nahm Wedeking denn sein Licht und suchte
sein kleines Schlafkämmerchen auf. Das Fenster war geöffnet und
der ganze Raum erfüllt von frischem Waldgeruch. Er kramte seine
Sachen zurecht und schloss dann die unteren Flügel, während er
die oberen geöffnet ließ. Als er in seinem Bett lag, herrschte das
tiefste Schweigen im Haus, nur der Holzwurm pickte im Gebälk und
ein Mäuschen raschelte behutsam vor der Tür seiner Kammer. Da
vernahm er wie aus weiter Ferne durch diese große Stille hindurch
ein leises taktmäßiges Rauschen wie den Pulsschlag der schlafenden
Natur. Es war die Ostsee, welche, von einem längst entschlafenen
Wind aufgeregt, unablässig an ihre Ufer brandete.

III. DER STRANDWALD

Eine ungewohnte Musik erweckte Wedeking am anderen Morgen in
der Frühe aus dem Schlaf. Das unablässige Gezwitscher einer Rauch-
schwalbe, das Flöten eines Rotschwanzes vom Dachgiebel, der ke-
cke Gesang eines Zaunkönigs in der Gartenhecke und das Schmet-
tern der Finken im nahen Wald hatten sich schon unbemerkt in seine

DAS FENSTER WAR GEÖFFNET UND
DER GANZE RAUM ERFÜLLT VON
FRISCHEM WALDGERUCH.

Träume gesponnen; er saß in der Philharmonie zu Berlin und hörte mit verwundertem Behagen eine feine Musik von Geigen, Klarinetten und Flöten, aber plötzlich fuhr es mit Glockenlauten, Kontrabass und Bombardon dazwischen, welches einen so seltsamen Eindruck machte, dass er sogleich aufwachte und nun vernahm, dass es die mit Kupferglocken behangenen Kühe des Forstwärters waren, welche fröhlich brüllend auf die Weide zogen. Vergnügt kleidete er sich an, um ebenfalls auf die Weide zu gehen, auf die Augen-, Ohren- und Herzensweide, welche ihm die freundliche Natur in Gestalt von Wald und Wasser und Wiese draußen aufgebaut hatte. Mit unendlichem Behagen durchstreifte er jetzt und in den folgenden Tagen die waldige Einsamkeit nach allen Richtungen.

Am stärksten aber zog es ihn immer zum Strand und seiner Umgebung, wo sich in das gleichmäßige Sausen und Singen der Wipfel das taktmäßige Rauschen der ans Ufer schlagenden See mischte, denn an den meisten Stellen trat der Wald nahe an den Strand, indem er entweder von steil abfallendem hohem Ufer auf die See hinblickte oder hinter schützenden Sanddünen sich aus verkrüppeltem Strauch- und Buschwerk und kriechendem Geäst allmählich in seinem eigenen Schutz kräftigend zur vollen Größe aufbaute. [...]

Dort auf dem kleinen Dünenhügel unter einigen verkrüppelten und zur Flucht gewendeten Eichen saß Wedeking gern, denn von diesem kleinen Landvorsprung aus übersah man weithin die lang gestreckten Buchten des Ufers. Zur Linken eine unendliche Kette von weißen Dünen mit breitem schimmerndem Strand, von welchem sich der ausgeworfene Tang in dunklen wellenförmigen Reihen abhob, zur Rechten aber wurde der Boden besser und lehmhaltiger und stieg zu den Bolderaa genannten, mit stolzen Buchen bewachsenen Höhen empor. Auch hier an diesem hohen Ufer fraß die See immer weiter, sodass es, von sturmbewegten Wellen angenagt, steil, ja zuweilen überhängend abfiel und weithin in sanft geschwungenen Linien wie mit einer gelblichen Mauer den stellenweise nur sehr schmalen Vorstrand einsäumte.

Kehrte er dann am Abend in die friedliche Forstwärterwohnung zurück, so ließ er sich gern erzählen, wie es im Winter sich in dieser Einsamkeit lebte, wo der Strand mit einer unglaublichen Pracht fantastischer Eisbildungen sich bedeckte und durch unendlichen Schneefall oft jeder Verkehr für Wochen unterbrochen wurde. Gern erzählte auch der Forstwärter von der großen Sturmflut und von dem furchtbaren Eindruck, den es macht, wenn die See durch den Wald angewandert kommt. Ja, von zwei Seiten sogar war dies geschehen, denn auch von dem in der Nähe befindlichen Binnenhaff aus war sie durchgebrochen, und man hatte sich auf den Boden flüchten müssen. In den Rosenbüschen des Gartens hatte sie zum Wahrzeichen ihres Besuches Tang und Seegras aufgehängt und als Andenken zurückgelassen. Dies erschien alles in dieser schönen friedlichen Sommerzeit, wo schon seit Wochen ein ständiger Nordostwind wehte und die klarsten sonnigen Tage mit sich führte, wie ein wunderliches und grausiges Märchen, dem es sich mit behaglichem Gruseln lauschen ließ. Zuweilen auch stieg ein Bild auf vor seiner Seele von wimmelnden und hastenden Rädern und Riemenscheiben, er hörte im Geist das Knattern der Nietkolonnen, den dumpfen Schlag der Dampfhämmer und das Zischen und Fauchen abströmenden Dampfes; ja, er glaubte sogar den Geruch von Schmieröl und Kohlenrauch zu spüren, welcher allen Maschinenfabriken eigentümlich ist; aber alsbald versank dieses Bild wieder und erschien ihm ebenfalls wie ein Märchen, von welchem es heißt: „Es war einmal."

Heinrich Seidel

Italienische Reise

Palermo, Sonnabend,
den 7. April 1787

IN DEM ÖFFENTLICHEN GARTEN UNMITTELBAR AN DER REEDE BRACHTE ICH IM STILLEN DIE VERGNÜGTESTEN STUNDEN ZU. ES IST DER WUNDERBARSTE ORT VON DER WELT.

Regelmäßig angelegt, scheint er uns doch feenhaft; vor nicht langer Zeit gepflanzt, versetzt er ins Altertum. Grüne Beeteinfassungen umschließen fremde Gewächse, Zitronenspaliere wölben sich zum niedlichen Laubengang, hohe Wände des Oleanders, geschmückt von tausend roten nelkenhaften Blüten, locken das Auge. Ganz fremde, mir unbekannte Bäume, noch ohne Laub, wahrscheinlich aus wärmeren Gegenden, verbreiten seltsame Zweige. Eine hinter dem flachen Raum erhöhte Bank lässt einen so wundersam verschlungenes Wachstum übersehen und lenkt den Blick zuletzt auf große Bassins, in welchen Gold- und Silberfische sich gar lieblich bewegen, bald sich unter bemoosten Röhren verbergen, bald wieder scharenweise, durch einen Bissen Brot gelockt, sich versammeln. An den Pflanzen erscheint durchaus ein Grün, das wir nicht gewohnt sind, bald gelblicher, bald bläulicher als bei uns. Was aber dem Ganzen die wundersamste Anmut verlieh, war ein starker Duft, der sich über alles gleichförmig verbreitete, mit so merklicher Wirkung, dass die Gegenstände, auch nur einige Schritte hintereinander entfernt, sich entschiedener hellblau voneinander absetzten, sodass ihre eigentümliche Farbe zuletzt verloren ging, oder wenigstens sehr überbläut sie sich dem Auge darstellten.

Aber der Eindruck jenes Wundergartens war mir zu tief geblieben; die schwärzlichen Wellen am nördlichen Horizont, ihr Anstreben an die Buchtkrümmungen, selbst der eigene Geruch des dünstenden Meeres, das alles rief mir die Insel der seligen Phäaken in die Sinne sowie ins Gedächtnis. Ich eilte sogleich, einen Homer zu kaufen, jenen Gesang mit großer Erbauung zu lesen und eine Übersetzung aus dem Stegreif Kniepen vorzutragen, der wohl verdiente, bei einem guten Glas Wein von seinen strengen heutigen Bemühungen behaglich auszuruhen.

Johann Wolfgang von Goethe

Welche wundersame Ansicht ein solcher Duft entfernteren Gegenständen, Schiffen, Vorgebirgen erteilt, ist für ein malerisches Auge merkwürdig genug, indem die Distanzen genau zu unterscheiden, ja zu messen sind; deswegen auch ein Spaziergang auf die Höhe höchst reizend war.

MAN SAH KEINE NATUR MEHR, SONDERN NUR BILDER, WIE SIE DER KÜNSTLICHSTE MALER DURCH LASIEREN AUSEINANDERGESTUFT HÄTTE.

Einsamer Sommer

2. MAI. GESTERN ABEND nach dem Essen gingen wir durch den Garten, und ich sagte: „Ich möchte einmal einen ganzen Sommer hier allein sein und in die tiefsten Tiefen des Lebens hinabsteigen. Ganz für mich sein, damit meine Seele sich entfalten kann. Es wird niemand eingeladen, um mir Gesellschaft zu leisten, und wenn doch jemand zu Besuch kommt, dann sagt man ihm einfach, ich sei ausgegangen oder verreist oder krank. Die ganzen Monate werde ich im Garten, auf den Feldern und in den Wäldern verbringen. Ich will sehen, was in meinem Garten geschieht und wo ich Fehler gemacht habe. An nassen Tagen gehe ich in den dichten Wald, dorthin, wo die Kiefernnadeln immer trocken sind, und wenn die Sonne scheint, liege ich auf der Heide und schaue, wie der Ginster gegen den Himmel flammt. Wie glücklich werde ich sein; niemand wird mich mit seinem Trübsinn anstecken. Draußen auf dem flachen Land herrscht Stille, und wo Stille ist, ist auch Frieden – das ist mir inzwischen aufgegangen."

„Pass auf, dass du keine nassen Füße kriegst", sagte der Grimmige und nahm seine Zigarre aus dem Mund.

Es war der Abend des 1. Mai, und der Frühling hatte von mir Besitz ergriffen. Der Himmel war voller Sterne und der Garten voller Düfte und die Beete voll Goldlack und süßen, verschmitzt dreinblickenden Stiefmütterchen. Tagsüber war es windig gewesen, weiße Wolken waren unaufhörlich über das Himmelsblau gesegelt. Jetzt war es so still, so reglos, als hätte sich eine beruhigende Hand über den Garten gelegt und alles verstummen lassen.

Der Grimmige saß auf der untersten Stufe der Verandatreppe, nach dem Essen friedlich gestimmt, verträglich, wenn auch nicht gar zu verträglich, und ich stand vor ihm und lehnte mich an die Sonnenuhr.

„Wirst du ein Buch mitnehmen?", fragte er.

„Ja, das werde ich", gab ich, von seinem Tonfall leicht gereizt, zurück. „Felder und Blumen, das muss ich zugeben, wollen mich immer etwas lehren. Aber ich bin nicht immer bereit, zu lernen, und manchmal kann ich meine Augen nicht dazu bringen, Dinge zu sehen, die zu anderen Zeiten ganz klar sind."

„Und dann liest du?"

„Dann lese ich. Nun, was hältst du davon?"

Doch er rauchte nur schweigend und schien plötzlich ganz vertieft in die Sterne.

„Schau", sagte er nach einer Pause, während ich vor ihm stand und mir wünschte, er würde auch mal etwas Längeres sagen, und er in den Himmel blickte und mich überhaupt nicht beachtete, „schau, wie hell die Sterne heute Abend sind. Fast als gäbe es Frost."

„Es wird aber keinen Frost geben, und ich werde nicht hinschauen, bevor du mir nicht sagst, was du von meiner Idee hältst. Wäre das nicht herrlich, einen ganzen schönen Sommer ganz allein? Wäre es nicht geradezu traumhaft, jeden Morgen aufzustehen und zu spüren, dass man sich selbst gehört und keinem anderen?" Ich trat zu ihm, legte meine Hände auf seine Schultern und schüttelte ihn ein wenig, denn er starrte immer noch auf die Sterne, als wäre ich gar nicht vorhanden. „Bitte, Grimmiger, sag doch nur einmal etwas Richtiges", beschwor ich ihn. „Du hast die ganze Woche noch keinen längeren Satz gesagt."

Langsam löste er den Blick von den Sternen, sah mich an und lächelte. Dann zog er mich auf seine Knie.

„Nicht zärtlich werden", drängte ich, „ich will Worte, keine Taten. Aber ich bleibe gern hier sitzen, wenn du nur redest."

„Na gut, ich rede. Was soll ich sagen? Du weißt, dass du stets das tust, was dir gefällt, ich mische mich niemals ein. Ich für meinen Teil will diesen Sommer niemanden hier haben, wenn du es nicht willst. Aber du wirst sehen, das wird ein langer Sommer."

„Nein."

„Und wenn du den ganzen Tag auf der Heide liegst, denken die Leute, du bist verrückt."

„Was geht's mich an, was die Leute denken."

„Ja, das ist wahr. Aber du wirst dir eine Erkältung holen, und deine kleine Nase wird anschwellen."

„Lass sie anschwellen."

„Und wenn es heiß ist, wirst du einen Sonnenbrand bekommen und deine Haut verderben."

„Meine Haut ist mir egal."

„Und du wirst dich langweilen."

„Langweilen?"

Es belustigt mich, wie wenig der Grimmige mich wirklich kennt. Seit drei Jahren haben wir uns hier auf dem Land vergraben, und ich war die ganze Zeit glücklich wie ein Vogel. Ich sage wie ein Vogel, weil andere diesen Vergleich gebrauchen, um ungetrübte Fröhlichkeit zu beschreiben, obwohl ich keineswegs glaube, dass Vögel glücklicher als andere Geschöpfe sind, denn sie zanken sich ganz grässlich. Sagen wir doch so: Ich bin so glücklich gewesen wie die glücklichsten Vögel, und zwischendurch gab es Zeiten des Alleinseins, in denen mein Gemütszustand alles andere als gelangweilt war. Es stimmt schon, das würde nicht jedem gefallen. Erst letzte Woche hatte ich Gäste, die nur knapp acht Tage blieben und augenscheinlich nicht viel Spaß daran hatten. Sie fanden es eintönig, doch das war ihre eigene Schuld. Wie kann man einen Menschen gegen seinen Willen glücklich machen? Man kann ihm eine Menge Schulwissen eintrichtern und all das, was Schulen sonst noch zu bieten haben, aber, wenn man es auch ewig versuchte, man kann einem Wesen, das nicht dazu neigt, nicht zum Glück verhelfen. Es kann nur passieren, dass man dabei sein eigenes verliert. Glück, so viel ist klar, muss von innen kommen, nicht von außen. Und wenn ich nach meinen früheren Erfahrungen und meinen gegenwärtigen Gefühlen urteile, so habe ich gerade jetzt einen reichlichen Vorrat davon, mehr als genug, um fünf stille Monate auszufüllen.

„Ich frage mich", bemerkte ich nach einer Pause, in der der Verdacht in mir aufstieg, ich müsse wohl auch zu den dicht geschlossenen Reihen der femmes incomprises gehören, „warum du glaubst, ich könnte mich langweilen. Der Garten ist immer schön, und ich bin fast immer in der Stimmung, ihn zu genießen. Zugegeben, vielleicht doch nicht immer, denn als die Schmidts hier waren (sie heißen nicht Schmidt, aber was macht das schon?), habe ich ihn fast gehasst. Immer, wenn ich in den Garten ging, waren sie auch da und schlurften mit empörten und resignierten Gesichtern herum. Meinst du, sie hätten nur eins von den blauen Leberblümchen entdeckt, die gerade

ICH MÖCHTE EINMAL EINEN
GANZEN SOMMER HIER ALLEIN SEIN
UND IN DIE TIEFSTEN TIEFEN DES LEBENS
HINABSTEIGEN. GANZ FÜR MICH SEIN, DAMIT
MEINE SEELE SICH ENTFALTEN KANN.

DIE GANZEN MONATE
WERDE ICH IM GARTEN,
AUF DEN FELDERN UND IN
DEN WÄLDERN VERBRINGEN.

jetzt unter den Büschen aufblühen? Und als ich dann mit ihnen in die Wälder gefahren bin, wo die Frühlingsfeen so emsig jeden Ast mit kleinen grünen Edelsteinen behängten, haben sie die ganze Zeit nur von Berlin und den feinen Delikatessen geredet, die ihr neuer Koch zubereitet."

„Na ja, mein Liebes, sie haben eben ihre Leckerbissen vermisst. Dein Garten ist zwar wundervoll, aber deine Köchin taugt nun mal nichts. Nach dem Essen sah der arme Schmidt manchmal ganz krank aus, und deine prächtigen Blumenarrangements konnten ihn auch nicht für das schlechte Essen entschädigen. Schick sie weg."

„Sie wegschicken? Sei dankbar, dass sie da ist. Eine schlechte Köchin ist weitaus wirkungsvoller als Kissingen oder Karlsbad oder Homburg zusammen und dazu viel billiger. Solange ich sie habe, wirst du, mein lieber Mann, jedenfalls einigermaßen dünn und liebenswert bleiben. Der arme Schmidt, wie du ihn nennst, isst viel zuviel von diesen köstlichen Leckereien, und dann schaut er sich seine Frau an und fragt sich, warum er sie eigentlich geheiratet hat. Lass du dich nur nicht bei so etwas von mir erwischen."

„Das ist ziemlich unwahrscheinlich", sagte der Grimmige; aber ob er es als Kompliment meinte oder lediglich darüber nachdachte, wie unmöglich es sei, sich an unseren ländlichen Speisen zu überfressen – das kann ich nicht sagen. Wie dem auch sei, ich habe etwas dagegen, im Garten in einer sternklaren Nacht über Köchinnen zu streiten, also erhob ich mich von seinem Schoß und schlug vor, einen kleinen Spaziergang zu machen.

Es war ein bezaubernder Abend, ein passender Abschluss für einen schönen 1. Mai. In der Dämmerung leuchteten Blumen wie blasse Sterne, die Luft war von süßen Düften erfüllt, und ich beneidete die Fledermäuse, die im Duft förmlich badeten, über sich die echten Sterne und unter sich die Sterne der Stiefmütterchen, und sie selbst waren lautlos und konnten – selbst wenn sie gewollt hätten – den herrschenden Frieden nicht stören. Die Engländer haben viel Schönes über den 1. Mai geschrieben, welches bei einem Ausländer die Vorstellung von Blumensträußen und Girlanden und Dorfangern weckt, von mit Bändern bekränzten Burschen und Mädchen und Lämmern und allgemeiner Ausgelassenheit. Ich war einmal am 1. Mai in England, und wir saßen zitternd am Feuer und lauschten stumm dem Nordostwind, der die Straße herunterfegte, und dem Hagel, der an die Fenster prasselte, und die Freunde, bei denen ich zu Besuch war, sagten, so sei es sehr oft und sie hätten nie irgendwelche Lämmer und Bänder zu Gesicht bekommen. Wir Deutschen messen alldem keine poetische Bedeutung bei, wo wir es doch könnten, weil bei uns meistens schönes Wetter ist. Und was die Girlanden angeht – wie viele Dörfer voll von jungen Leuten könnte ich aus meinem Garten damit versorgen, ohne dass ich irgendwas vermisst hätte. Um diese Zeit ist mein Garten voll von Goldlack, ich glaube, es gibt keine Farbe und Art, die ich nicht angepflanzt hätte. Die Beete unter den Südfenstern des Hauses, die letztes Jahr so leer und melancholisch dalagen, sind voll davon, vorne begrenzt von einem breiten Streifen gelber und weißer Stiefmütterchen von einem Ende zum anderen. Die Teerosenbeete gegenüber, rund um die Sonnenuhr, sind überzogen mit weißen, goldfarbenen, purpur- und weinroten Stiefmütterchen, und darüber die zarten roten Triebe der Rosen. Auf den Verandastufen, die hinab in dieses Stiefmütterchenparadies führen, stehen auf beiden Seiten Kästen mit weißen, rosa und gelben Tulpen, und auf dem Rasen hinter den Rosen breiten sich zwei große Rabatten mit bunten Tulpen aus, die sich über einem Teppich aus Vergissmeinnicht erheben. Verschiedenfarbige Tulpen zusammen sind doch viel reizvoller als jede Farbe für sich! Letztes Jahr hatte ich auf Empfehlung einiger Leute, die Gartenbücher schreiben, einen Versuch mit feuerroten Tulpen und Vergissmeinnicht gemacht. Das war sehr hübsch, aber ich wünschte, diese Gartenberater könnten meine Beete mit gemischten Tulpen sehen. Ich jedenfalls habe noch nie etwas so hinreißend Fröhliches erblickt. Die einzigen, die ich ausschließe, sind die rosenfarbenen; aber Scharlachrot, Gold, zartestes Rosa und Weiß habe ich beisammen, und die Wirkung ist unbeschreiblich beglückend. Wenn die Tulpen welken, wachsen die Vergissmeinnicht höher, überwuchern sie schließlich ganz und verbergen liebevoll das Traurige ihres Verfalls. Sie bleiben dort stehen, Wolken von sanftem Blau, bis die Tulpen ganz verwelkt sind. Dann werden sie weggenommen, um Platz für die tiefroten Geranien zu machen, die auf den beiden Rabatten den ganzen Sommer blühen und nach Herzenslust in der Sonne lodern. Ich habe gern hier und da einen kräftigen Farbfleck, und die Geranien lassen die Lilien, die im Halbkreis um die kostbaren Teerosen Wache stehen, noch weißer und durchsichtiger erscheinen.

154

JETZT WAR ES SO STILL, SO REGLOS,
ALS HÄTTE SICH EINE BERUHIGENDE HAND
ÜBER DEN GARTEN GELEGT UND ALLES
VERSTUMMEN LASSEN.

ELIZABETH VON ARNIM

In den ersten beiden Jahren war ich fest entschlossen, in meinem Garten ganz nach meinem Geschmack vorzugehen, keine Pflanzengruppen zu setzen, die ich nicht geplant hatte, und auch keine Gewächse außer denen, die ich kannte und liebte. Da ich fürchtete, ein erfahrener Gärtner würde Nutzen aus meinem damals noch nahezu grenzenlosen Unwissen ziehen und mir diese Albträume von Beeten aufdrängen und den Garten mit jenen scheußlichen Salatmischungen füllen, wie ich es so oft in den Gärten der gleichgültigen Reichen gesehen hatte, wollte ich nur einen anspruchslosen Mann mit wenig Ehrgeiz, einen, den ich leicht davon überzeugen konnte, so viel, ja noch mehr zu wissen als er selbst. Ich hatte drei von diesen unbedarften Männern hintereinander und lernte dabei, was ich schon lange vorher hätte entdecken müssen: Je weniger einer weiß, umso mehr beharrt er auf seiner Meinung, und gegen Dummheit ist noch kein Kraut gewachsen. Der erste der drei wurde gegen Jahresende schwermütig; der zweite war unglücklich verliebt, warf sein Werkzeug hin und gab seine Stelle auf, um der Sirene nachzulaufen, die ihm den Kopf verdreht und ihn sitzen gelassen hatte, und als ich den dritten fragte, wie es wohl möglich sei, dass alles, was er gesät hatte, zufällig nie herauskäme, kratzte er sich am Kopf. Und da dies ein sicheres Zeichen für Unzulänglichkeit ist, schickte ich ihn fort.

Dann dachte ich ausgiebig nach. Ich war nun zwei Jahre hier und hatte mithilfe dieser Männer tüchtig im Garten gearbeitet. Ich hatte mein Bestes gegeben, alles zu lernen, was ich konnte, und ihn schön zu gestalten. Einen ungelernten Gärtner wollte ich, der mir besser gehorchte, und nur einen Gehilfen, damit ich meinen Garten ungestört genießen konnte. Eifrig hatte ich alle Gartenbücher studiert, die ich auftreiben konnte. Und ich hatte mich für eine einigermaßen intelligente Person gehalten und geglaubt, wenn jemand mit meinem Verstand sich voll und ganz einer Sache widmete, die ihm am Herzen lag, müsste es fast zwangsläufig zum Erfolg führen. Doch wie sah mein Garten nach zwei Jahren aus? Die Fehlschläge der ersten beiden Sommer hatte ich noch gelassen hingenommen; doch in diesem dritten Sommer kamen mir manchmal die Tränen, wenn ich mich umsah.

Was mich betraf, so hatte ich einiges dazugelernt. Ich wusste, was ich kaufen musste, und hatte ziemlich genaue Vorstellungen davon, wann und in welchem Boden ich das säen und pflanzen konnte, was ich angeschafft hatte. Doch was nutzt es, gute Samen und Pflanzen und Zwiebeln zu haben, die man dann einem Gärtner aushändigen muss, der sich mit kaum verhohlener Ungeduld die sorgfältigen Anweisungen anhört, mehrmals Jawohl sagt und dann hingeht und sie so setzt, wie er es immer getan hat, nämlich in jedem Fall falsch? Mir waren ja die Hände gebunden. Unglücklicherweise habe ich nicht das richtige Geschlecht, sonst hätte ich gern den Platz mit ihm getauscht und ihn aufgefordert zu reden, während ich pflanzte, und da er vermutlich kaum etwas geredet hätte, wäre dies ein entschiedener Gewinn für den Frieden der Welt gewesen. Um den wäre es ganz sicher besser bestellt, wären den Frauen die Zungen und nicht die Hände gebunden, und sie könnten, falls sie wollten, damit arbeiten, ohne dass sich sofort ein Volksauflauf um sie versammelt. Ist es nicht eine Tatsache, dass die Zunge sich lange nicht so ungehemmt tummelt, wenn wir körperliche Arbeit verrichten? Manchmal werde ich richtig neidisch, und es schmerzt mich, zu sehen, wie die Männer ihrer erfreulichen Arbeit im Sonnenschein nachgehen, die üppige, feuchte Erde umgraben, rechen, jäten, gießen, pflanzen, das Gras mähen, die Bäume schneiden – alles, was sie tun, vom Aufdecken der Rosen im Frühjahr bis zu den Laubfeuern im November, erfüllt meine Seele mit der Sehnsucht, hinzugehen und es ihnen gleichzutun. Aber es wird noch viel geschehen müssen, bis es mir gestattet ist zu graben, ohne Aufsehen zu erregen. Ich werde wohl noch einige Zeit damit zubringen müssen, meinen Groll zu hegen. Ich wünsche mir nur so sehr, dass die Bewohner dieser so einsamen und verlassenen Landstriche sich mit den Bemerkungen über die vermeintlichen Sünden hier ansässiger Frauen (Sünden sind allzeit ein beliebtes Klatschthema) zurückhielten und ihre harmlosen Verschrobenheiten duldeten. Bin ich stundenlang durch Wald und Heide gefahren, ohne einem Menschen zu begegnen oder ein Haus zu erblicken, so erfahre ich zu meiner Verblüffung bei der Heimkehr, ich habe an diesem Tag jene Strecke zurückgelegt und sei an dem und dem Ort gewesen. Das ist mir mehr als einmal passiert. Alles wird beobachtet und bemerkt – mit welcher Blitzgeschwindigkeit würde sich da die Neuigkeit verbreiten, man habe gesehen, wie ich mit der Hacke über der Schulter, einem Korb in der Hand und Jäten auf dem Gesicht geschrieben den Gartenpfad hinuntereilte! Und wie gerne würde ich doch jäten!

Ich glaube, das üppige Gedeihen des Unkrauts war es, was mich schließlich dazu brachte, mein Zögern aufzugeben, einen tüchtigen Gärtner und eine vernünftige Zahl von Gehilfen anzustellen. Denn eins hatte ich herausgefunden: Sosehr ich auch meine Abgeschiedenheit schätze, Brennnesseln verabscheue ich noch mehr, und die Brennnesseln schienen sich stets die Plätze auszusuchen, wo meine liebsten Blumen standen. Die drei unbedarften Männer unterlagen jedenfalls im Kampf gegen sie. Allerdings habe ich ein großes Herz für alles, was wächst, und manches Unkraut, das anderswo nie geduldet würde, darf sich in meinem Garten ungestört ausbreiten. Es ist so hübsch, so bezaubernd frech und besonders nett von ihm, alles Grünen und Blühen und Samentragen, ohne jede Hilfe und Ermutigung, ganz allein zustande zu bringen. Natürlich ärgert es mich, wenn es so unverschämt ist, zwischen meinen Teerosen und Stiefmütterchen zu sprießen, und auf den Wegen ist es mir auch nicht gerade willkommen. Aber im Gras zum Beispiel – warum sollen sich die armen kleinen Geschöpfe da nicht ihres Lebens freuen, anstatt mit einem messerscharfen Gegenstand Stück für Stück ausgegraben zu werden? Einmal kam ich in den Garten, da hatte gerade der letzte der drei Unfähigen, bewaffnet mit seinem Gerät, mitten auf der Gold- und Silberfläche, die man für gewöhnlich Rasen nennt, Aufstellung genommen, kratzte sich am Kopf, sah sich um und konnte sich nicht entscheiden, wo er anfangen sollte. Diesmal eilte ich Löwenzahn und Gänseblümchen zur Hilfe, und ich glaube, sie haben es bemerkt. Jedenfalls blicken sie, wenn ich komme, so munter drein, und mir scheint, als stießen sich die Löwenzahnpflanzen bei meinem Anblick gegenseitig an und flüstern: „Da kommt Elizabeth, die ist in Ordnung, nicht wahr?" – denn natürlich drückt sich ein Löwenzahn nicht gerade besonders fein aus.

Aber Brennnesseln gegenüber darf man nicht großzügig sein. Und sie führten letzten Endes die Lösung des Problems herbei, dem ich so lange den Rücken zugedreht hatte. Eines schönen Augustmorgens, als es im Garten nichts anderes als Brennnesseln mehr zu geben schien und man schier glauben musste, wir hätten nichts anderes getan, als sie in allen Varianten zu kultivieren, suchte ich den Grimmigen in seinem Arbeitszimmer auf.

„Mein lieber Mann", begann ich, mit der leisen, besänftigenden Stimme eines Menschen, der lange dickköpfig gewesen ist und nun

WÄRE ES NICHT GERADEZU
TRAUMHAFT, JEDEN MORGEN
AUFZUSTEHEN UND ZU SPÜREN,
DASS MAN SICH SELBST GEHÖRT
UND KEINEM ANDEREN?

einlenken will, „würdest du bitte eine Annonce aufgeben für einen Obergärtner und die entsprechende Zahl von Gehilfen? Fast alle Zwiebeln und Samen und Pflanzen, für die ich mein Geld und meine Hoffnung verschwendet habe, sind als Brennnesseln herausgekommen, und die mag ich nun mal nicht. Ich hatte diesmal einen schlimmen Sommer und will nie mehr einen unfähigen Gärtner hier sehen."

„Meine liebe Elizabeth", antwortete er, „es tut mir leid, dass du meinen Rat nicht früher befolgt hast. Wie oft habe ich dir gesagt, dass es Unsinn ist, einen inkompetenten Mann nach dem anderen zu engagieren? Das Gemüse, wenn wir überhaupt welches ernten, ist ungenießbar, und Obst bekommen wir ebenfalls keins. Deine guten Absichten in Ehren, aber es mangelt dir wirklich an Urteilsvermögen. Wann wirst du endlich lernen, dich auf meine Erfahrung zu verlassen?"

Ich ließ den Kopf hängen. Konnte er jetzt nicht mit Recht bemerken: „Ich hab's dir ja immer gesagt" – was er tatsächlich schon seit zwei Jahren tat. „Ich verlasse mich nicht gern auf jemanden anderen", murmelte ich, „und gegen anderer Leute Erfahrung habe ich ein ziemliches Vorurteil. Würdest du bitte noch heute die Anzeige aufgeben?"

Sie kamen in Mengen; es schien, als bestünde die halbe Bevölkerung aus stellungslosen Obergärtnern. Alle, die infrage kamen, führte ich durch den Garten, und ich glaube, ich habe nie eine Woche mit mehr Niederlagen erlebt als in dieser Zeit. Natürlich hielten sie mit ihrer Meinung nicht zurück, denn ich hatte ihnen gesagt, ich hätte, seit wir hier sind, praktisch nur Gärtnergehilfen beschäftigt. Wenn sie sich mit höflichem Spott über eines der Beete äußerten, konnten sie allerdings nicht ahnen, dass es zufällig von mir angelegt war. Besonders die Mistbeete im Küchengarten, mit denen ich mir so viel Mühe gegeben hatte, waren die Zielscheibe ihres Hohns. Offenbar war alles an ihnen falsch – die Maße, die Vorbereitung, der Boden, der Dünger hätten gar nicht unangebrachter sein können. Gewiss, das Einzige, was wir davon ernteten, war Unkraut. Aber nachdem die halbe Woche um war, wurde ich skeptisch, denn sie stimmten selten in ihrer Kritik überein. So fasste ich wieder Mut. Schließlich fiel meine Wahl auf einen netten, ordentlichen jungen Mann mit überraschend intelligenten Augen und flinken Bewegungen, der sich weniger mit dem gegenwärtigen Chaos beschäftigte als mit dem, was man am Ende aus dem Garten machen könnte. Er ist schwerhörig, verliert also keine Zeit mit Worten, liebt die Gärtnerarbeit außerordentlich und weiß, wie ich bald feststellte, sehr viel mehr als ich trotz meiner drei Lehrjahre. Überdies ist er erfüllt von jener Demut und Lernbegier, die man nur bei denen findet, die bereits mehr als ihre Nächsten gelernt haben. Mit Begeisterung geht er auf meine Pläne ein und macht eigene Vorschläge, die vielleicht nicht immer mit meinem etwas eigenwilligen Geschmack übereinstimmen, doch sie zeigen, dass er etwas von seinem Beruf versteht. Gemeinsam waren wir einen Winter lang damit beschäftigt, alle Rabatten zu verändern, denn keine hatte den Boden, in dem Pflanzen wirklich gediehen, und für den nächsten Herbst habe ich mir vorgenommen, den ganzen sogenannten Rasen umgraben und einebnen zu lassen. Dann werden wir ja sehen, ob wir nicht auch hier einen richtigen englischen Rasen bekommen können! Als ich ihm sagte, er solle die Wurzeln von Gänseblümchen und Löwenzahn schonen, blickte er ziemlich niedergeschlagen drein. Aber er ist jung, er kann lernen zu schätzen, was ich schätze, und seinen einzigen Fehler loszuwerden: die typische, in Gärtnereien verbreitete Einstellung gegenüber Blumen, die nicht in Mode sind. „Im nächsten Frühling will ich viele Osterglocken haben", verkündete ich eines Tages am Beginn unserer Bekanntschaft.

Seine Augen leuchteten. „Ah ja", er nickte zustimmend, „die sind sehr modern."

Ich war hin- und hergerissen zwischen Erheiterung bei dem Gedanken, dass Spensers „Daffadowndillies" modern sein sollten, und Ärger darüber, dass er dasselbe Adjektiv für sie benutzte wie meine Hutmacherin, wenn sie mir in ihrem Laden ein besonders scheußliches Exemplar anpreist.

„Sie sollen in Gruppen im Gras stehen", sagte ich, worauf sich Zweifel in seinen Zügen malten. „Das ist nun wirklich sehr modern", schrie ich. Aber er war plötzlich noch schwerhöriger – ein Phanomen, das ich jedes Mal dann an ihm bemerkte, wenn er von mir Anweisungen bekommt, die ihm noch nie jemand zuvor gegeben hat. Doch nach und nach wird er, hoffe ich, von meinen unorthodoxen Ansichten auf diesem Gebiet irgendwie angesteckt werden. Er hat ja den echten Gärtnergeist und liebt seine Arbeit. Und Liebe ist schließlich die Hauptsache. Kein Kompost könnte bessere

DAS GRAS DORT IST VOLL
VON NARZISSEN, UND AM FUSS
DER EICHE TRÖSTET MICH EINE
TULPENKOLONIE ÜBER DEN
VERLUST DER PURPURNEN
KROKUSFLECKEN HINWEG.

Wirkungen erzielen. Selbst im magersten Boden wirkt die Liebe aus eigener Kraft Wunder.

Den Gartenweg hinunter, vorbei an Fliederbüschen mit schwellenden dunklen Knospen und dem großen dreieckigen Beet mit Rosen und Stiefmütterchen davor, zwischen den Reihen von Monatsrosen und den Büscheln von Lilien und Fingerhut hindurch, gelangten wir gestern Abend in den Frühlingsgarten auf der Lichtung rund um eine alte Eiche. Und hier war eine gefüllte Kirsche voll erblüht. Wie eine edle weiße Nackte stand sie in der Abenddämmerung, dicht neben ihr, aber so spät nicht mehr sichtbar, zwei japanische Holzapfelbäume, die anmutigen Umrisse gesäumt von rosa Knospen. Das Gras dort ist voll von Narzissen, und am Fuß der Eiche tröstet mich eine Tulpenkolonie über den Verlust der purpurnen Krokusflecken hinweg, die noch vor Kurzem so eifrig blühten.

„Einmal einen ganzen Sommer allein sein", wiederholte ich und betrachtete das alles mit einem Gefühl, als könnte ich all diese Schönheit, die Schönheit des Sternenhimmels, der Stille und der Düfte kaum ertragen, „ich muss allein sein, damit ich keines dieser Wunder verpasse und genug Zeit habe, wirklich zu leben."

„Schon recht, mein Liebes", antwortete der Grimmige, „aber du darfst dich nicht beschweren, wenn du es langweilig findest. Du sollst ja allein sein, wenn du es unbedingt willst; und was mich betrifft, ich werde bestimmt niemanden einladen. Es ist immer das Beste, einer Frau ihren Willen zu lassen, sofern es irgendwie geht; es erspart einem viel Ärger. Sie tun zu lassen, was sie sich wünscht, ist im Allgemeinen die wirkungsvollste Strafe."

„Lieber Weiser", rief ich und schob meine Hand unter seinen Arm, „sei doch nicht immer so weise. Ich verspreche dir, mich nicht zu langweilen, und ich werde nicht bestraft, und ich werde glücklich sein."

Langsam und zufrieden schlenderten wir zum Haus zurück und sprachen über das Firmament und andere erhabene Dinge, als wüssten wir alles darüber.

Elizabeth von Arnim

Sommer-Zeichnung

2. AUGUST

Vor etwa einem Jahr brachte meine Tochter Sanna mir einen Nistkasten, den eine Frau in Sannas Geschäft zurückgebracht hatte, weil er so hässlich zu rosten begann.

UND ICH MAG GERADE DIE DINGE BESONDERS, DIE NICHT PERFEKT SIND.

Ein Blatt mit Flecken oder Löchern, ein Apfel mit Wurmstichen, Menschen, die nicht ganz perfekt sind.

Dementsprechend war es Liebe auf den ersten Blick: der nicht perfekte Nistkasten. Ich stellte ihn auf den Gartentisch vor mein Arbeitszimmer und wusste, dass ich ihn irgendwann in einer Zeichnung verwenden würde.

Einige Tage später brauchte ich etwas Schnittlauch – eine gute Entschuldigung für einen kleinen Spaziergang durch den kleinen Obstgarten zum Kräutergarten. Ein kleines Bund Schnittlauch gepflückt. Oh, die Himbeeren sind reif! Ein paar probieren – sie schmecken nach Sommer, den Rest in einem alten Blumentopf für Gaston mitnehmen.

DER TEIL DES GARTENS, WO DIE BLUMEN ZUM PFLÜCKEN STEHEN, WAR SO ÜPPIG MIT GLOCKENBLUMEN IN BLAUEN UND ROSA DOLDEN BEWACHSEN, DASS ICH EINIGE ABSCHNEIDEN MUSSTE, UM NOCH ÜBER DEN SCHMALEN KIESWEG LAUFEN ZU KÖNNEN.

Die letzte Pfingstrose wollte ich noch auf meinem Tisch genießen, der verblühte Mohn prahlte so stolz mit seiner herrlichen Samenkapsel, dass er auch mitmusste, und den vielversprechenden Mohn mit seiner Knospe konnte ich auch nicht stehen lassen…

Noch ein paar Stachelbeeren und Fingerhut und dann wurde es auch Zeit, den Schnittlauch endlich in die Küche zu bringen.

Als ich den Strauß auf meinen Gartentisch legte, kostete es mich große Mühe, den Schnittlauch wiederzufinden… Den Tisch, auf dem zufällig der Nistkasten stand. ZEICHNUNG! Dieser Moment überrascht mich eigentlich immer, er schlägt wie ein angenehmer Blitz ein. Ja, und dann beginnt das Abenteuer: das Ordnen, das Erneuern eines Augenblicks, den man festhalten will.

Ich fange dann immer mit einer Art Skizze im Briefmarkenformat an. Gefahrlos klein und übersichtlich, denn mich überkommt stets eine Art Platzangst, wenn ich einen großen weißen Bogen vor mich hinlege. Er scheint in die Unendlichkeit meines dann noch leeren weißen Tisches auszulaufen! Ich suche nach Linien, Richtungen, Einteilungen, erst einmal mit einem Bleistift auf einem Papierfetzen. Aber eigentlich ist das schon das solide Gerüst meiner großen Zeichnung.

Auf einem etwas größeren Format mache ich dann einige Farbversuche, am Rand eine Musterkarte mit den Farben, die ich verwenden will. Manchmal etwas kurz gefasst, das hängt ein bisschen vom Motiv ab.

Bei dieser Zeichnung hatte ich auf meiner Skizze im Hintergrund die Bank vor der Buchenhecke vage angedeutet, auf der ich noch kurz gesessen hatte, bevor ich den Kräutergarten verließ. Aber ich war mir nicht sicher, ob ich sie mit ins Bild nehmen sollte ... und eigentlich zweifle ich niemals, also bat ich Gaston um Rat. Tue ich fast nie. Glücklicherweise habe ich es getan, in diesem Fall. Er schaute kurz darauf und sagte: „Tu's nicht, viel zu unruhig über dem Vordergrund, der auch schon so voll ist." Jetzt, wo die Zeichnung fertig ist, sehe ich, dass Gaston recht hatte. Die Unruhe aus Linien und Farben in der unteren Hälfte der Zeichnung wird nun aufgefangen von den ruhigen getuschten Grüntönen. Bewegung unten, Ruhe oben. Der Nistkasten sorgt für eine Verbindung der beiden Teile. Die Mohnknospe, auf der das erste Stückchen Rosarot hervorblitzt, wollte ich an jener Stelle zeichnen, um eine Verbindung zu den Himbeeren darüber zu schaffen.

Wie herrlich, dass man niemals fertig wird. Dass man, auch wenn man genau wusste, was man einfangen wollte, unaufhörlich weiter verändert, weiter beobachtet. Zufrieden bin ich niemals. Einfach, weil es noch so viel gibt, was ich zeigen wollte, was ich erzählen wollte. Dennoch „gewöhne" ich mich nach ein paar Tagen an meine Zeichnung, und nach einer Woche liebe ich sie. Die Erinnerung an etwas Schönes, was ich versucht habe festzuhalten.

WENN ICH MIR DIE ZEICHNUNG JETZT ANSCHAUE, GEHE ICH WIEDER LANGSAM GENIESSEND, PFLÜCKEND, SCHNUPPERND DURCH MEINEN SOMMERGARTEN.

Marjolein Bastin

Richtung Herbst

12. SEPTEMBER

Nun ist September, der erste Schritt in Richtung Herbst. Als wir auf dem Flughafen von Kansas City landen, sind es 38 Grad. Nach einem zu kalten und verregneten Sommer in den Niederlanden habe ich keine Probleme damit.

Am nächsten Morgen bin ich schon auf, als es noch dunkel ist, und während ich an meinem Arbeitstisch sitze, geht die Sonne auf: ein großer feuerroter Ball, der langsam über dem Baumrand in der Ferne erscheint und alles in ein goldenes Licht taucht. Majestätisch!

AUF DEM GROSSEN TEICH ENTDECKE ICH SECHS BLAU-FLÜGELENTEN, EINE SCHAR KANADAGÄNSE FLIEGT LAUT SCHNATTERND ZIEMLICH DICHT VOR MEINEM FENSTER VORBEI UND AUF DER ANDEREN SEITE DES TEICHES LÄUFT EINE KLEINE HERDE WEISSWEDELHIRSCHE.

Zwei Mütter, beide mit einem Zwillingspaar. Zwei Hirschkälbchen haben noch die weißen Flecken, sie sind also etwas jünger. Vor meinem Fenster laufen einige Truthühner vorbei …

Ich bin wieder „zu Hause", weit weg von zu Hause. In einer ganz anderen Welt, aber in einer Welt, die mir nach fast 20 Jahren sehr vertraut geworden ist. Wenn ich die Futterspender für die Kolibris – gefüllt mit Zuckerwasser – aufhänge, dauert es nur etwa zehn Minuten, bis sie sie bemerkt haben. Sie umschwirren meine Ohren, scheu sind sie wahrhaftig nicht – dafür haben sie keine Zeit! Aber man sollte sich nicht vertun, die winzigen Vögel, gekleidet in einen smaragdgrünen schillernden Anzug, sind kleine Territorialschurken!! Ein Kolibri hat den Futterspender innerhalb einer Stunde für sich beansprucht. Er trinkt, bis er nicht mehr kann, und setzt sich dann in einen nahe gelegenen Baum. Unsichtbar. Aber sobald sich ein anderer Kolibri nähert, jagt er wie ein wild gewordener Motorradfahrer hinter ihm her. WEG HIER! Das geschieht unzählige Male am Tag. So ein Piepmatz, so voller Leidenschaft, ein Vogel mit einer besonders kurzen Lunte!

Den Küchengarten erkenne ich kaum wieder, so grün und üppig.

Natürlich weiß ich, wie unglaublich rot der Northern Cardinal – der Rotkardinal – ist. Aber nach einem Sommer mit Kohlmeisen, zart getönten Rotkehlchen und Heckenbraunellen erschrecke ich kurz vor dem großen feuerroten Vogel, der vor mir wegfliegt. Ein Blauhäher kommt, um aus meiner himmelblauen Trinkschale zu trinken ... hmmm, meine Pinsel beginnen zu kribbeln!

ETWAS SPÄTER SEHE ICH, WIE DIE ZWEI KARDINÄLE DIE BEEREN AUS DER HECKENKIRSCHE FRESSEN. EINE KORALLENROT BLÜHENDE HECKENKIRSCHE, ROTE BEEREN UND ZWEI ROTE KARDINÄLE ... ICH WERDE KURZ EINE SKIZZE MACHEN.

Dann sehe ich etwas, woraus auf jeden Fall eine Zeichnung werden muss: Zwei Kolibris trinken – in der Luft stehend – den Nektar aus den Blüten des Blauen Salbeis, Salvia azurea. Ihre kleinen Flügel schlagen so schnell, dass sie fast unsichtbar sind. Ein großer Zebra-Schwalbenschwanz, der auch zum Trinken kommt, ist größer als die Kolibris! Als ich einen Blütenzweig mit an meinen Tisch nehme, weil ich ein paar Details zeichnen will, entdecke ich eine prächtige Braune Krabbenspinne auf einer der Blüten, so gut getarnt, dass eine arglose Schwebfliege sie erst entdeckt, als es zu spät ist.

DAS IST DAS SCHÖNE, WENN
MAN AN VERSCHIEDENEN ORTEN
LEBT: JEDES MAL WIEDER BE-
TRACHTET MAN DIE NATUR UM
SICH HERUM MIT NEUEN AUGEN.
ICH BIN ERST RICHTIG ZU
HAUSE, WENN ICH DEN STRAUSS
MIT DEN GELBEN SONNEN-
BLUMEN UND MÄDCHENAUGEN,
DIE ICH AUF MEINEM SPAZIER-
GANG ÜBER DIE PRÄRIEWEGE
GEPFLÜCKT HABE, IN MEINER
LIEBLINGSVASE AUF DEN ESS-
TISCH STELLE.

Heute Abend kommen Mischa
und Carrie zum Essen, Gaston kocht
Pilz-Risotto.

Wenn wir bald wieder auf dem
Amsterdamer Flughafen Schiphol
ankommen, werde ich mich wieder
unglaublich an der niederländischen
Landschaft freuen, jetzt bin ich noch
außer Atem von all dem Schönen um
mich herum in Missouri. Abgesehen
davon bin ich neugierig, wann die
Waschbären entdecken, dass wir wieder hier sind …

Marjolein Bastin

Die bessere Welt

SEIT EINEM JAHR WAR der junge Doktor Leonhard am Gymnasium zu M., einer kleinen thüringischen Fabrikstadt, als Oberlehrer angestellt. Er war aus der Hauptstadt des Ländchens, in der er zuvor drei Jahre unterrichtet hatte, dorthin versetzt worden, weil der alte Professor, der in den beiden Oberklassen Griechisch und Deutsch gelehrt hatte, plötzlich gestorben war und die Schulbehörde zu einem Ersatz niemand geeigneter fand als diesen noch jungen Lehrer, der sich als guter Pädagoge bewiesen und nebenbei auch in wissenschaftlichen Arbeiten hervorgetan hatte.

Mit dem Tausch, der ja eine ungewöhnlich rasche Beförderung bedeutete, hatte der junge Mann alle Ursache zufrieden zu sein. Die Stadt, die trotz ihres Aufblühens noch einige Reste der altertümlichen Vorzeit bewahrt hatte, gefiel ihm ausnehmend sowie auch die waldige Hügellandschaft, die sie umringte, seine Augen mehr ergötzte als die etwas nüchterne Umgebung seines früheren Wohnorts, zumal er ein eifrig landschafternder Dilettant war. Was die neuen Menschen betraf, unter denen er leben sollte, so kamen ihm alle von Anfang an aufs Traulichste entgegen, sowohl seine Kollegen als auch die Schüler, deren Herzen er durch seine heitere und gütige Art in den ersten Stunden gewann. [...]

Der erste Winter war ohne sonderliche Ereignisse vergangen.

Als das Frühjahr kam und mit ihm die Osterferien, hatte Leonhard ein Ränzel umgeschnallt und sich aufgemacht, Umschau in Berg und Tal zu halten. Unter all den lieblichen und malerischen Gegenden, die er durchwanderte, hatte ihm eines der größeren Dörfer eingeleuchtet, das seitab von der Eisenbahn an einem hellen Flüsschen gelegen und mit Wäldern und Wiesen reichlich ausgestattet war.

Am liebsten hätte er sich hier sofort niedergelassen, um nach Beute für sein Skizzenbuch auszugehen. Das wurde ihm durch plötzlich einfallendes Regenwetter vereitelt, und er sah sich gezwungen, die letzten Tage der Vakanz dranzugeben und rasch in die Stadt zurückzukehren, was in einer kleinen Stunde geschehen konnte.

Bevor er aber fortging, hatte er sich danach umgesehen, wo Gelegenheit wäre, sich zu einer längeren Sommerfrische einzumieten. Da die Bauern schon begonnen hatten, sich auf städtische Gäste einzurichten, fand er bald, was er suchte, bei einer guten und klugen älteren Frau, die vor einem Jahr ihren Mann verloren hatte und nun ein Zimmer für einen Fremden abgeben konnte. Leonhard und seine künftige Wirtin fanden Gefallen aneinander, und alles wurde für die großen Ferien Ende August zwischen ihnen verabredet.

Als diese von Leonhard ersehnte Zeit nun herangekommen war, packte er ein bescheidenes Köfferchen und schickte es nebst einer schlanken Staffelei, dem großen weißleinenen Sonnenschirm und dem Kasten mit dem Gerät für Aquarellstudien zum Bestimmungsort voraus, da er selbst zu Fuß nachfolgen wollte. Es war der herrlichste milde Sonnentag, den der scheidende Sommer bescheren konnte, und mit allen Sinnen sog der Wanderer die lachenden Bilder und Duft und Frische des Morgens ein, in der Vorfreude seiner malerischen Ferienarbeiten. Denn es ging ihm wie anderen Dilettanten, dass, so lieb ihm der Umgang mit den jungen Köpfen und seine gelehrten Studien waren, sein ganzes Herz doch nur aufging, wenn er auf seinem Feldstühlchen saß und den Pinsel in seine Wasserfarben tauchte. Wie es kommt, dass uns nur ganz glücklich macht, was wir nur halb können, dass selbst ein Meister irgendeiner Kunst mit Begierde eine andere betreibt, in der er es nie zur Meisterschaft bringt, ist ein Problem, dem hier nicht weiter nachgegrübelt werden soll.

DRAUSSEN IN SEINEM BÄUERLICHEN Quartier wurde er von der Wirtin aufs Beste empfangen. Sie führte ihn in das Zimmer, das er bewohnen sollte, dasselbe, in dem ihr Mann früher, da die Dorfgemeinde ihn zu ihrem Bürgermeister oder Schulzen gewählt hatte, seine amtlichen Arbeiten besorgt und Beratungen abgehalten hatte. Ein Aktenschrank, der jetzt leer war, erinnerte noch daran. Es war ein freundliches, nach Westen schauendes Gemach, durch dessen einziges Fenster man auf das alte Dorfkirchlein blickte. Dunkler Efeu

hatte es ganz umsponnen, und vor der Tür standen zwei hochwipf-
lige Ulmen, die Leonhard schon beim ersten Besuch sich für sein
Skizzenbuch notiert hatte. Sein Köfferchen und das Malgerät waren
schon vor ihm eingetroffen. Er ging sogleich daran, auszupacken
und sich häuslich einzurichten. Die wenigen Möbel waren sauber, für
das Bett bat er sich nur eine leichtere Decke aus, und das Bild des
entschlafenen Hausherrn, das an der Wand darüber hing, von einem
durchreisenden „Künstler" gemalt, war derart jenseits von Gut und
Schlecht, dass er darüber wegsehen konnte.

Das achtjährige blonde Töchterchen der Wirtin spähte durch die
Tür herein. Er rief es zu sich [...] und ließ sich von dem Kind in Hof und
Stall führen, wo fünf stattliche Kühe und zwei Pferde standen. Zu
dem Haus gehörten ein paar Felder und ein großer Besitz an Wiesen,
da die Dorfleute hier mehr Viehzucht als Ackerwirtschaft trieben.
Die Kleine wusste schon über alles Bescheid, und ihr zutuliches Geplauder ergötzte ihn. Alles in allem sagte er sich, dass er nicht behag-
licher in seinen Ferien hätte unterkommen können.

Dann ging es zum Essen in das Wirtshaus, wo er schon damals
eingekehrt war und eine Nacht zugebracht hatte. In dem geräumi-
gen Saal, der offenbar erst vor etlichen Jahren angebaut worden war,
fand er schon mehrere Tische mit Sommergästen besetzt, darunter
einige ihm bekannte Gesichter, von denen er aber nach einer flüchtigen Begrüßung keine weitere Notiz nahm. Er flüchtete sich in eine
einsame Ecke und vermied sorgfältig, nach der Seite hinzublicken,
wo Mütter saßen, die mit Töchtern gesegnet waren. Auch übereilte
er sein Mahl, um vor ihnen sich entfernen zu können. „Sie müssen
mich durchaus in die Kost nehmen, liebe Frau Wittekind", sagte er,
als er wieder zu seiner Hausfrau gekommen war. „Nein, ich werde
Ihnen keine Umstände machen. Was Sie selbst mit Ihren Leuten essen, ist mir genügend, und ich bin überhaupt nicht verwöhnt. Aber
mit diesen Herrschaften aus der Stadt mich unterhalten zu müssen,
verdirbt mir alles ländliche Vergnügen und nimmt mir den Appetit.
Viel lieber schwätz ich mit Ihnen und meiner kleinen Freundin Susel."

NACH EINER KURZEN SIESTA auf dem harten Ledersofa, das
jahrelang die schweren Glieder des Bürgermeisters gedrückt hatten,
machte er sich auf, Umschau in der Gegend zu halten und nach malerischen Motiven zu spähen.

ES WAR DER HERRLICHSTE MILDE SONNENTAG,

DEN DER SCHEIDENDE SOMMER BESCHEREN KONNTE,

UND MIT ALLEN SINNEN SOG DER WANDERER

DIE LACHENDEN BILDER UND DUFT UND FRISCHE

DES MORGENS EIN, IN DER VORFREUDE SEINER

MALERISCHEN FERIENARBEITEN.

NUR DIE EICHHÖRNCHEN, DIE

IN GROSSER MENGE ZWISCHEN DEN

STÄMMEN SICH HIN UND HER

SCHWANGEN, BELEBTEN DIE

REGLOSE STILLE.

Die Gegend breitete sich nach Osten ziemlich eben aus, zwischen Büschen und einigen Baumgruppen lagen die meist ansehnlichen Höfe voneinander gesondert, nur an dem gewundenen Ufer des Flüsschens dichter einander benachbart, fast überall ein malerisches Auge durch ihr altertümliches Ansehen und gesättigte tiefe Farben erfreuend. Nach Westen jedoch stieg das Gelände sanft an, und hier stand, die Hügel bekrönend, ein prachtvoller Hochwald, der stundenweit ins Land hinaus sich erstreckte. Langsam wanderte Leonhard, nachdem er einige Punkte auf der Dorfseite gefunden hatte, die er demnächst zu malen gedachte, auf den Forst zu, an dessen Fuß sich ein altes, ansehnliches Haus erhob, nicht von bäuerlichem Zuschnitt, sondern offenbar das Wohnhaus eines Försters. Über der vorderen Tür das mächtige Geweih eines Damhirsches, nach hinten zu ein starker niederer Zaun, der einen kleinen Hof gegen den Fußweg abgrenzte. Kläffende Hunde wurden laut, als Leonhard sich näherte, er sah ein paar schwarze Dackel an die Stäbe heranspringen und die lange Figur eines jungen Menschen sich nähern, offenbar ein Jagdgehilfe, der den Fremden neugierig beobachtete und höflich die Kappe zog, als er gegrüßt wurde.

Leonhard aber hielt sich nicht auf, sondern stieg ruhig weiter. Lange hatte er eine solche Pracht von Buchen und Eichen nicht gesehen, und es fehlten ihm nur die Vogelstimmen, die zu dieser Jahreszeit längst verstummt waren. Nur die Eichhörnchen, die in großer Menge zwischen den Stämmen sich hin und her schwangen, belebten die reglose Stille.

Er saß zuerst eine Weile auf einem Bänkchen zu Füßen einer uralten Eiche, ehe er die Wanderung fortsetzte. Bald hob sich der Boden, und der Weg stieg neben einer Schlucht in die Höhe, in deren Grund er einen See gewahrte, jetzt, da die Sonne sich schon neigte, tiefschwarz, von Birken und jungen Buchen umstanden. Durch eine Lücke in der waldigen Umfriedung sah man in eine grüne Wiese hinaus, auf der eine Hütte stand, von einem verwilderten Gärtchen umgeben. Das nahm sich in dieser Einsamkeit so eigen aus, dass Leonhard lange stehen blieb und die Blicke an dem Bild weidete. Er beschloss, gleich morgen hier eine Studie zu machen, wenn die Sonne den Durchblick hinter dem dunklen See vergolden würde. Zunächst trat er dicht an den Rand des Abhangs vor und sah nun, dass ein schmaler Pfad in vielen Windungen an der Stelle hinunterlief,

ES BLIEB KIRCHENSTILL

RINGS UM IHN HER.

zuweilen durch ein paar hölzerne Treppenstufen unterbrochen. Er unterließ den Abstieg, da es spät geworden war und er nach Hause musste, wenn er zu der Abendsuppe pünktlich zurück sein wollte. „Auf morgen also!", sagte er vor sich hin, brach eine Blume, die ihm zu Füßen aus dem Gras vorsah, und wandte sich zur Umkehr.

Nach dem sehr einfachen Nachtmahl saß er noch lange auf der Bank vorm Haus, ein Weilchen in der Gesellschaft der Susel und ihres Kätzchens, das ihm zutraulich auf den Schoß gesprungen war, da alle Tiere gleich den Kindern sofort empfanden, dass er ihr Freund war. Als die Kleine zu Bett gegangen war und die Mutter drinnen noch den Besuch einer Freundin hatte, genoss er die laue Nacht mit tausend Sternen in einer wonnigen Einsamkeit und konnte sich erst, da das heisere Glöckchen auf dem Kirchturm elf Schläge tat, entschließen, sein Lager aufzusuchen.

Er war aber früh wieder auf, beeilte sich mit seinem Frühstück, das die Hausfrau ihm ins Zimmer trug, und trat dann, mit seinem Malgerät beladen, den Weg nach dem Fleck im Wald an, den er sich gestern für seine Arbeit ausgewählt hatte. Er fand den Blick auf den See hinab und zu dem Jagdhüttchen hinüber in der Morgenbeleuchtung noch anziehender, freilich auch ein wenig schwerer, da der Grund tief unter seinem Horizont lag und die Perspektive ungewöhnlich war. Aber mit der fröhlichen Sorglosigkeit des Dilettanten, der sich an jede Aufgabe wagt, da ihm die Schwierigkeit nicht voll zum Bewusstsein kommt, ging er flugs an die Arbeit, nachdem er sein Feldstühlchen hingestellt und die Mappe auf einen glatten Baumstumpf gelegt hatte, der ihm gut zu einem Maltisch dienen konnte. Dann kramte er Palette und Farbkasten heraus und ging munter ans Werk.

Es blieb kirchenstill rings um ihn her. Zu den Eichhörnchen, deren es hier, wie er gestern schon bemerkt, eine Menge gab, kam noch ein Reh, das erschreckt, da es seiner ansichtig wurde, die Flucht ergriff. Sonst nichts Lebendiges in der weiten Runde als fern dann und wann das gedämpfte Kläffen der Dackel im Forsthaus und hoch über ihm der Schrei eines Bussards.

Paul Heyse

Über Strom, Tal und Hügel

AM ANDEREN MITTAG BEGAB ich mich an die Docks hinunter, um meine Reise nach Wales anzutreten. Es war ein sonnig klares Herbstwetter, der Himmel rein und in seiner ganzen Tiefe blau, das Wasser golden durchstrahlt und die Landschaft dahinter vom feinsten Duft überhaucht. Auf dem Fluss herrschte wieder das rege Treiben, welches in dieser klaren Stunde durchaus heiter erschien. Am Ufer lagen drei oder vier Dampfboote so dicht nebeneinander, dass man von dem einen auf das andere bequem hätte hinüberschreiten können; sie waren alle von einer bunten und lebhaften Menge besetzt, von denen die meisten nur die kurze Fahrt nach der einen oder anderen Station des gegenüberliegenden Ufers beabsichtigten. In der Mitte des Stromes jedoch lichtete ein Segelschiff die Anker, und der Wind trug den Abschiedsgesang der Matrosen zu uns herüber.

Diese halb wehmutsvollen, halb hoffnungsreichen Klänge wurden sogleich wieder von einem Dampfer übertönt, welcher mit Blechmusik an Bord den Strom lustig heraufzog, und da nun allmählich auch ein Boot nach dem anderen, zuletzt auch das, worauf ich mich befand, vom Ufer stieß, so war plötzlich das Bild, welches meinen Geist mit so verschiedenen Eindrücken beschäftigt hatte, verschwunden und der nächste Augenblick sah neue Schiffe und neue Menschen kommen und gehen. Ich indessen schwamm schon auf der Breite des Stromes und erfreute mich an dem, was mir zu beiden Seiten die malerischen Ufer boten. Rechts Liverpool und in seinen Docks stundenweit das Gewirr der Masten, Taue und Stangen, in denen die weißen Segeltücher flatterten – alles dürr und starr wie ein Wald zur Winterszeit mit Schneestreifen und Sonnenschein; in der Mitte, weit hinaus über den Mersey bis ins Meer sah man die Schiffe und ihre Segel auf dem blauen Horizont, indessen links anmutige Hügel mit Gärten, Wald und Landhäusern das Gestade von New Brighton bis Egremont und Birkenhead schmückten, sodass sich ein wirksamer Kontrast von Ruhe und Bewegung natürlich ergab und durch den Strom angenehm ausgeglichen wurde.

In Birkenhead verließ ich das Schiff und begab mich zur Eisenbahn, die von hier zunächst nach Chester führt. Der Zug lief durch grüne Wiesen und üppige Waldflur, und nur zuweilen noch schimmerten von fern der Mersey und seine bewimpelten Schiffe herauf. In Chester sollte ich nun sogleich bemerken, dass ich schon auf der Schwelle des fremden Landes stände, dessen Volk, Sitte und Sprache wohl lange schon meine Teilnahme, ja meine Sehnsucht angeregt hatten, das meinem Verständnis aber nur durch liebevolle Versenkung allmählich sich erschließen sollte. Ich hatte mir vorgenommen, an diesem Tag nach Aber zu fahren, welches, in einer der freundlichsten Talschluchten von Nordwales gelegen, dem Reisenden als angenehmer und vorteilhafter Aufenthalt ganz besonders empfohlen worden war. Nun trat ich an den Schalter und forderte ein Billet nach Aber – allein der Offiziant verstand mich nicht und ich musste mein Verlangen wiederholen. Jedoch wollte auch das noch nicht helfen; der Mann wurde ungeduldig und ich sehr verlegen, da ich gar nicht begreifen konnte, wie ein anscheinend so einfaches Wort, welches nur aus vier Buchstaben bestand, anders gesprochen werden könnte, als ich es in einem meiner Versuche bereits getan haben musste.

Indes gab es kein anderes Mittel, ihm verständlich zu werden, als den Namen ihm geschrieben darzureichen, worauf er ihn nun seinerseits aussprach, und zwar so dunkel und schnarrend, dass ich noch heute, nach mannigfacher Übung, nicht sicher wäre, den rechten Ton zu treffen. Er gab mir hierauf mein Billet, und ich wurde in einen Wagen gewiesen, wo außer mir noch ein älterer Herr mit zwei jungen Damen saß, die dem Anschein nach seine Töchter waren. Ich saß dem Herrn gegenüber, schweigsam und innerlich unruhig, denn je mehr ich mich dem Ziel meiner Reise näherte, umso mehr empfand ich, wie sehr ich da ins Ungewisse hineinfahre. Es ist immer meine Art – vielleicht meine Unart – gewesen, vor einer größeren Reise mir einen Plan nur im Allgemeinsten zu entwerfen und alles Einzelne dem Zufall zu überlassen, woraus mir denn im Leben schon viele Nachteile und manche Vorteile erwachsen sind. Ja, so weit geht meine Abneigung gegen das Konkrete, dass ich es immer vermied, Bilder von solchen Gegenden zu sehen, nach denen ich mich am meisten sehnte; wodurch sich mit der Reise selbst ein fantastisches Interesse und eine Spannung verbindet, die – da sie zuletzt doch auf praktische Hindernisse zu stoßen befürchten muss – schließlich auch zur Unruhe gesteigert wird. Allein auf der anderen Seite besitze ich ein glückliches Gemüt, das sich, wenn auch das Entfernte es einmal aufregt, doch leicht wieder am Nächsten zurechtfindet und zwanglos erheitert.

Hinter Chester traten sogleich die Gebirge heran, zuerst ganz entfernt in bläulichem Schimmer, während zur rechten Seite eine breite, sanft gefurchte Sandfläche mit einzelnen Wasserstreifen, etwas weiter sogar Boote, die schräg auf dem Trockenen lagen, anzeigten, dass hier die See beginne und nun gerade die Ebbe eingetreten sei. Da sich diese und ähnliche Ansichten immer nur durch die Fensterreihe betrachten ließen, an deren beiden Seiten die Mädchen saßen, so hatte ich zugleich Gelegenheit, mich an der Frische und Anmut ihrer Gesichter zu erfreuen, und hielt dabei zur Entschuldigung unseres alten Klopstocks Verse bereit:

Schön ist, Mutter Natur,
deiner Erfindungen Pracht,
auf die Fluren verstreut –
schöner ein froh Gesicht.

ES WAR EIN SONNIG KLARES HERBSTWETTER,
DER HIMMEL REIN UND IN SEINER GANZEN
TIEFE BLAU, DAS WASSER GOLDEN
DURCHSTRAHLT UND DIE LANDSCHAFT
DAHINTER VOM FEINSTEN DUFT ÜBERHAUCHT.

DER ZUG LIEF DURCH GRÜNE WIESEN
UND ÜPPIGE WALDFLUR, UND NUR
ZUWEILEN NOCH SCHIMMERTEN
VON FERN DER MERSEY UND SEINE
BEWIMPELTEN SCHIFFE HERAUF.

Bei Mostyn gewann die Landschaft einen bestimmten Charakter, der sich schöner und reicher entfaltete, je weiter unser Wagenzug vorwärtsdrang; ja, sie verriet hier schon im Voraus, was der Reisende von dem walisischen Hochland zu erwarten habe, wo ihn der Fußpfad, wie hier die Bahnstraße, zwischen Meer und Gebirge von Überraschung zu Überraschung führt. Es rauschte uns zur Linken ein kräftiger, saftig grüner Eichenwald, aus dessen Mitte, über einem Felsvorsprung, eine Burg emporstieg, die mit ihrem weißen Gemäuer aus so lieblicher Fassung umso pittoresker leuchtete. Zugleich schweifte nun der Blick zur offenen See hinaus, die hier zwischen dem walisischen Gestade und den Küsten von Irland wogt. Solch eine Fahrt hatte ich im Leben noch nicht gemacht; denn selbst die belgische Bahn, von Verviers nach Lüttich, die mich immer so sehr entzückte, kann ich mit dieser nicht vergleichen. Man hat dort wie hier die grüne gesegnete Landschaft und die Gebirge, mächtig und malerisch gruppiert; aber man hat in Wales noch dazu die See, und immer so dicht, dass man meinen sollte, der Wellenschlag müsse die Räder der Lokomotive bespülen. – Neben der See zog sich nun auf eine Weile das Gebirge als graue und steile Felsmasse, welcher die Abenddämmerung einen wunderbar zarten, ins Violette spielenden Farbenton lieh, dahin. Dann aber plötzlich, bei Rhyl, öffnete sich ein weites Tal, das mit der Aussicht auch die Seele des Beschauers wohltätig weitete. In mächtigem Umkreis begrenzten es die bläulichen Gebirge, von denen sich eins über das andere auftürmte und die nur spärlich hier und da bewaldet, aber an vielen Stellen mit einzelnen Gebäuden belebt erschienen, so wie man näher an sie herankam. Die Szenen und Bilder wechselten rasch; bald war die See sichtbar, bald verschwand sie für längere Zeit. Dann aber bei Abergele lag sie wieder in ihrer ganzen Weite und Ausdehnung mit Schiffen im Abendrot vor uns; das Rauschen und Branden ihrer Wogen verkündete, dass die Flut zurückgekehrt sei; und wenn die See zur Zeit der Ebbe etwas durchaus Traumhaftes, ja etwas Totes hat, so erweckt sie durch den volleren Schlag ihrer Flut Leben und Lebenslust, und da sich dieser Wechsel vor den Augen des Zuschauers täglich mehrere Male begibt und stets durch die Sinne auf das Gemüt wirkt, so liegt vielleicht darin der große und heilsame Zauber, den betrachtende Naturen stets von ihr empfinden. Hier stellte sich dem belebten Wellenspiel sogleich auch eine höchst wirksame Uferlandschaft entgegen, die zu der unendlichen Wasserebene, die an so vielen anderen Gestaden geheimnisvoll im Sand verläuft, einen scharf markierten Kontrast bildete. Auf einer duftig bewaldeten Hügelkette lag ein Städtchen und hoch darüber, in grüner Waldschlucht, stattliche Burggebäude mit Türmen und Zinnen im Halbkreis, unter den Felsen rauschte die See. Hier muss sich die Bahn mehrere Male durch die mächtigen Uferfelsen hindurcharbeiten, und es gewährte dann jedes Mal eine große Überraschung, wenn man aus der Nacht eines dieser minutenlangen Tunnel herauskam und plötzlich dicht vor sich die uferlose See erblickte, so dicht, dass man glaubte, der ganze Zug müsse da hineinsausen.

Mit meinen Reisegefährten kam ich bald in ein Gespräch; die Damen erlaubten mir zu rauchen, und ihr Vater sagte mir, sie seien auf einer Vergnügungsreise nach Irland. Dass ich kein Engländer sei, hatten sie mir zwar schon am ersten „th" angemerkt, welches mir das Schicksal auszusprechen gab. Allein sie waren dennoch sehr freundlich, vielleicht sogar deshalb. Denn ich beobachtete bei dieser Gelegenheit, wie später noch oft, dass die Engländer gegenüber Fremden viel offener und zuvorkommender sind als gegenüber den eigenen Landsleuten. Ich erklärte meine Absicht, in Wales zu bleiben, und da wurde das Gespräch durch den neuen Reiz der Landschaft unterbrochen, welcher einen jeden von uns zur Betrachtung einlud. Wir sahen, da wir eine Weile auf die äußeren Dinge nicht viel achtgehabt hatten, unseren Horizont von einer violett schimmernden Gebirgsferne geschlossen, und durch die Dämmerung erblickten wir vor uns die Reste der alten, durch Sage und Geschichte berühmten Burg Conwy. Noch einmal legte sich ein Tunnel in den Weg, und durch ihn fuhr der Zug in den Bahnhof, dicht unter den Ringmauern der alten Feste, unten mit Schlingkraut umwunden und bis in die höchsten Turmscharten hinauf mit Efeu. Wenn man auf so raschen Fahrten zum Denken nur die Zeit hätte, so wäre gewiss kein Gedanke natürlicher gewesen als der, die alten Ritter auf ihren Streitrossen in diesem Augenblick sich belebt vorzustellen und sich einzubilden, aus den dämmrigen Fenstern der Türme grüßten schöne Frauen in den Burghof hinunter. […]

So kamen wir, bei tiefer Dämmerung, in Aber an. Wir nahmen herzlich Abschied voneinander […], und dann war ich mit einem

Sprung auf dem Boden der Romantik – auf der Erde Arthurs und der Tafelrunde, und indem ich durch Felder auf der einen und flüsternde Hecken auf der anderen Seite den breiten Fußpfad zum Wirtshaus hinaufstieg, war mir, als könne in jedem Augenblick Puck sich über den Weg kollern – als säh ich schon die Feen heranschweben, um mich in ihren Reigen zu locken –, als müsse mit dem Mond zugleich, der sich mit mattem Schein durch die hellgeränderten Wolken arbeitete, die sanfte Fee Morgana ihren Zauberglanz über die ruhig atmenden Wälder ausbreiten!

Julius Rodenberg

Lieblingsblick

Es gibt eine Stelle, die mir sehr lieb ist, und der Winter muss es arg treiben, soll ich sie nicht jeden Tag begrüßen, wenigstens einmal; bis jetzt habe ich den größten Teil der gestohlenen Zeit dort verlebt. Hören Sie! (...)

Es ist ein Gartenhäuschen an der höchsten Stelle des Waldes, wo sich die Aussicht ins Tal öffnet. Zwei Wege gibt es dorthin, einen steil und dornig, wie den der Tugend, und ihn pflege ich zu gehen oder vielmehr zu klettern; denn er bringt mich in drei Minuten hinauf, wenn auch keuchend und halb tot; der andere gleicht dem der Sünde, breit und gemächlich, deshalb verschmähe ich ihn auch, zumal da er die Eigenschaft besitzt, eine Viertelstunde lang zu sein. Sie mögen gewählt haben, wen Sie wollen, wir sind jetzt jedenfalls oben.

ES IST EIN EINSAMER FLECK ERDE, SEHR REIZEND UND SEHR GROSSARTIG. ICH SITZE NUR BEI RAUER LUFT IM REBHÄUSCHEN, SONST DAVOR UNTER EINER GROSSEN TRAUERWEIDE, GANZ VERSTECKT DURCH DIE REBEN, MIT DENEN DER ABHANG BIS INS TAL BESETZT IST,

das Tal selbst schmal und leer, das Gebirge gegenüber sehr nah und mit Nadelholz bedeckt, was es schwarz und starr aussehen lässt; so nun Berg über Berg, ein kolossales Amphitheater, und zuletzt die Häupter der Alpen mit ihrem ewigen Schnee, links die Länge des Tals vom Bodensee geschlossen, dessen Spiegel im Sonnenschein mich blendet und der überhaupt mit seinen bewegten Wimpeln und freundlichen Uferstädtchen hinüberleuchtet wie das Tageslicht in einen Grotten-Eingang.

Es ist seltsam, wie die Klarheit der Atmosphäre jeden Gegen- stand heranrückt; ich bedarf hier nur des Lieblingsblicks einer guten Lorgnette, um meilenweit zu sehen, und dasselbe leisten andere mit freien Augen. In Hülshoff habe ich den Spiegel eines nicht fünf Minuten entfernten, großen Teiches nie deutlicher gesehen als hier am Rebenhäuschen den eine Mei-

HIER TRÄUME ICH OFT LANGE, KOMME OFT RECHT VERKLAMMT ZURÜCK, DENN DIE ABENDE WERDEN ALLMÄHLICH FRISCH; ABER HIER DROBEN IST MEINE HEIMAT, HIER GEHT ALLES AN MIR VORÜBER, WAS ICH NUR IN MEINEM HERZEN HABE MITNEHMEN KÖNNEN.

Vieles, vieles. Wenn ich den ganzen Tag mit anderen Vorstellungen bin gefüttert worden, hier mache ich mein eigenes Schatzkästlein auf und reiche Ihnen, mein teurer Freund, von hier aus die Hand über so manche Stadt, so manchen Berg und den breiten Rhein.

Annette von Droste-Hülshoff

le fernen See, auf dem ich jedes Segel zähle, ja sogar in dem Städtchen Lindau am jenseitigen Ufer einzelne Gebäude unterscheide. Die Alpenhäupter nun gar, denen nicht viel mehr Luft als keine geblieben, scheinen oft so nah, dass man nur sogleich hingehen möchte.

Ich unterscheide jede Schlucht am Säntis so genau, dass ich meine, wenn ein Gämsenjäger daraus hervorträte, ich müsse es sehen, und doch sind's sechs gute Stunden bergauf, bergab bis zum Fuß dieses alten Herrn und zu seinem Gipfel. Von meiner Bank unter der Weide aus durchstöbere ich jede Schlucht, besteige ich jede Klippe, zwar nur in Gedanken, aber was so nah und deutlich erscheint, davon hat man schon so genug und glaubt nichts Neues gewinnen zu können durch Annäherung.

Quellenverzeichnis

Textauszug aus: Elizabeth von Arnim, Einsamer Sommer. Aus dem Englischen von Leonore Schwartz. S. 7-22. © Insel Verlag Frankfurt am Main 1994

Marjolein Bastin, Sommer-Zeichnung © bei der Autorin

Marjolein Bastin, Richtung Herbst © bei der Autorin

Dave Goulson, Ein Wiesenspaziergang. Aus: ders., Wenn der Nagekäfer zweimal klopft, S. 15 - 33. Aus dem Englischen übersetzt von Sabine Hübner. © 2016 Carl Hanser Verlag GmbH & Co. KG, München. Mit freundlicher Genehmigung von Carl Hanser Verlag GmbH & Co. KG.

Hermann Hesse, „Schön ist die Jugend. Eine Sommeridylle", in ders., Sämtliche Werke in 20 Bänden. Herausgegeben von Volker Michels. Band 7: Die Erzählungen 2. © Suhrkamp Verlag Frankfurt am Main 2001. Alle Rechte bei und vorbehalten durch Suhrkamp Verlag Berlin.

Titus Müller, Unterwegs mit einem Kind. Aus: ders., Einfach mal Spazieren gehen © Arche Literaturverlag AG, Zürich 2019

Johanna Romberg, Singstunde mit Rotkehlchen. Aus: dies., Federnlesen, S. 23 ff. © 2018 by Johanna Romberg und Bastei Lübbe AG, Köln. Mit freundlicher Genehmigung von Bastei Lübbe AG.

Textauszug aus: Henry David Thoreau, Vom Spazieren. Aus dem Amerikanischen von Dirk van Gunsteren Copyright der deutschsprachigen Übersetzung © 2001, 2004 Diogenes Verlag AG Zürich

Walt Whitman, Stunden für die Seele. Aus dem Englischen von Kristina Schaefer.

Wir danken den Autor:innen und Verlagen für die freundliche Abdruckgenehmigung.